TRANSMISSÕES CRISTALINAS

Katrina Raphaell

TRANSMISSÕES CRISTALINAS

Uma Nova Dimensão de Consciência Sobre o Conhecimento dos Cristais

Tradução
Zilda Hutchinson Schild Silva

Editora
Pensamento
SÃO PAULO

Título do original: *The Crystalline Transmission – A Synthesis of Light.*

Copyright © 1990 Aurora Press, Inc.

Publicado pela primeira vez nos Estados Unidos por Aurora Press. P. O. Box, 373, Santa Fé, MN 87504 – USA – www.aurorapress.com

Copyright da edição brasileira © 1992, 2023 Editora Pensamento-Cultrix Ltda.

2ª edição 2023.

Todos os direitos reservados. Nenhuma parte deste livro pode ser reproduzida ou usada de qualquer forma ou por qualquer meio, eletrônico ou mecânico, inclusive fotocópias, gravações ou sistema de armazenamento em banco de dados, sem permissão por escrito, exceto nos casos de trechos curtos citados em resenhas críticas ou artigos de revista.

A Editora Pensamento não se responsabiliza por eventuais mudanças ocorridas nos endereços convencionais ou eletrônicos citados neste livro.

Editor: Adilson Silva Ramachandra
Gerente editorial: Roseli de S. Ferraz
Preparação de originais: Karina Gercke
Revisão técnica: Tanize Weck Kotsol
Gerente de produção editorial: Indiara Faria Kayo
Editoração eletrônica: Join Bureau
Revisão: Erika Alonso

Dados Internacionais de Catalogação na Publicação (CIP)
(Câmara Brasileira do Livro, SP, Brasil)

Raphaell, Katrina
    Transmissões cristalinas: uma nova dimensão de consciência sobre o conhecimento dos cristais / Katrina Raphaell; tradução Zilda Hutchinson Schild Silva. – 2. ed. – São Paulo: Editora Pensamento, 2023.

   Título original: The Crystalline Transmission: a synthesis of light.
   ISBN 978-85-315-2294-9

   1. Cristais – Aspectos psíquicos 2. Cristais – Uso terapêutico 3. Magia 4. Misticismo 5. Pedras preciosas – Uso terapêutico I. Título.

23-152428   CDD-133.2548

Índices para catálogo sistemático:
1. Cristais: Uso terapêutico: Esoterismo 133.2548
Aline Graziele Benitez – Bibliotecária – CRB-1/3129

Direitos de tradução para a língua portuguesa adquiridos com exclusividade pela
EDITORA PENSAMENTO-CULTRIX LTDA., que se reserva a
propriedade literária desta tradução.
Rua Dr. Mário Vicente, 368 – 04270-000 – São Paulo – SP – Fone: (11) 2066-9000
http://www.editorapensamento.com.br
E-mail: atendimento@editorapensamento.com.br
Foi feito o depósito legal.

SUMÁRIO

Prefácio 13

PARTE I – TRANSMISSÕES CRISTALINAS

Capítulo 1. – Transmissões Cristalinas 19
    O poder de identificação 22
    Rendendo-se ao divino impessoal 27
    Práticas e preparação 29

Capítulo 2. – O Sistema dos Doze Chakras 33
    Estruturas cranianas evoluídas 34
    Os três chakras transpessoais 38
    O Portal Estelar 41
    A Estrela da Alma 43
    O Chakra Causal 47
    A Estrela da Terra 50

Capítulo 3. – Integrando a Essência Cristalina 57
    A glória do Sol 58
    As Meditações do Sol 60
    A transmissão 63

PARTE II – AS PRINCIPAIS PEDRAS ENERGIZANTES

Introdução às Principais Pedras Energizantes 69

Capítulo 4. – A Selenita 73
    A natureza da Selenita 76
    Da fonte ao sentimento 78
    Ativando a Estrela da Alma 79
    Cuidados imprescindíveis 80
    A missão da Selenita 82

Capítulo 5. – A Cianita 85
    As características da Cianita 86
    Da origem à cognição 87
    Exercícios com a Cianita 88
    A Infusão de Cianita 92

Capítulo 6. – A Calcita 95
    Um modelo da perfeição harmônica 96
    Unindo realidades paralelas 98
    A formação romboide irisada da Calcita 105
    Os Raios Estelares 111
    O esquema da Calcita 114

Capítulo 7. – A Hematita 117
    O sangue da Terra 118
    Da Estrela da Alma à Estrela da Terra 120
    Construindo um escudo refletor 122
    Considerações adicionais 124

Capítulo 8. – O Esquema da Iniciação Avançada com as Principais Pedras Energizantes 127

    Preparação 128

    O esquema 131

    Procedimentos terapêuticos 132

    Encerramento 135

PARTE III – OS CRISTAIS MESTRES

Introdução aos Cristais Mestres 141

Capítulo 9. – O Cristal Dow 143

    Significado numerológico e geométrico 144

    Redefinindo nossa consciência crística 146

    Trabalhando com Cristais Dow 148

    A Meditação da Pirâmide de Cristal 151

Capítulo 10. – Os Gêmeos Tântricos 153

    Características estruturais dos Gêmeos Tântricos 154

    Traduzindo o verdadeiro tantra 154

    Redefinindo o relacionamento perfeito 158

    Trabalhando com os Gêmeos Tântricos 160

    Iniciações tântricas 162

Capítulo 11. – O Cristal Ísis 167

    A antiga lenda de Ísis 168

    A revelação do Cristal Ísis 174

    Usos pessoais para o Cristal Ísis 178

    O aspecto hatoriano 182

Capítulo 12. – Os Cristais *Cathedral Lightbraries* (Cristais Catedrais de Luz e Informação) 185

    A união de forças 186

    Reconhecendo os Cristais *Cathedral Lightbraries* 188

O computador cristalino cósmico 190
Como usar os Cristais *Cathedral Lightbraries* 191
Acessando o Salão dos Registros 194

Capítulo 13. – Os Cristais Templo Dévico (*Devic Temple*) 197
A identificação das moradas dos devas 198
A natureza de um verdadeiro templo 200
A criação de um altar vivo 201
Apoio indireto 203
Seres que surgem do interior da Terra 204

Capítulo 14. – Os Cristais Elo do Tempo (*Time Link*) 207
Dissolvendo o falso conceito de tempo linear 210
Viagem no feixe de luz 210
A cura de feridas do passado 212
Colhendo as recompensas futuras 214
Facilitando o passamento físico 215

PARTE IV – AS PEDRAS CURATIVAS MAIS IMPORTANTES

Introdução às Pedras Curativas Mais Importantes 219

Capítulo 15. – A Ágata Azul (*Blue Lace*) 221

Capítulo 16. – A Celestita 225

Capítulo 17. – A Caroíta 229

Capítulo 18. – A Cuprita 235

Capítulo 19. – O Dioptásio 241

Capítulo 20. – O Larimar 245

Capítulo 21. – A Lepidolita 251

Capítulo 22. – A Moldavita Tectita 255

Capítulo 23. – A Rodonita 261

Capítulo 24. – A Smithsonita 265

Capítulo 25. – A Pedra do Sol e a Pedra da Estrela 269

PARTE V – NOTAS FINAIS

Capítulo 26. – A Desmaterialização em Ação 275

Capítulo 27. – A Assimilação da Radiação Nuclear 283
    Cristais naturalmente energizados para trazer alívio 284

Capítulo 28. – Ativação dos Cristais Guardiães da Terra 287

Capítulo 29. – Encerramento 291

Agradecimentos 293

ILUSTRAÇÕES E FOTOGRAFIAS

Estruturas Cranianas Evoluídas e os Chakras Transpessoais 35

O Sistema dos Doze Chakras 51

As Principais Pedras Energizantes 97

O Cristal Dow 145

Os Cristais Gêmeos Tântricos 155

O Cristal Ísis 169

O Cristal *Cathedral Lightbraries* 187

O Cristal Templo Dévico 199

O Cristal Elo do Tempo 209

PREFÁCIO

Os ventos da mudança sopram com vigor em nossos tempos. Todos estamos diante de desafios que testam nossa coragem espiritual e que podem, caso não sejamos inteiramente lúcidos, pôr em risco a nossa própria vida. Todas as estruturas que conhecemos estão mudando de forma para enfrentarem o teste desta época, após o término do século passado. A impressão que se tem é de que nada mais é estável. Os relacionamentos, os casamentos, a paternidade, a religião, a política, a economia, os negócios e todos os outros sistemas de crença, que são parte da nossa programação social, estão sendo testados por uma frequência mais elevada e um novo padrão de percepção e de existência. Se houver bastante integridade inata de espírito, a estrutura atual sobreviverá. Caso contrário, está destinada a mudar a fim de ser harmonizada com o critério de verdade próprio da Idade de Ouro. Se a alteração não for possível, a forma desatualizada desmoronará ao longo da estrada e se tornará as cinzas das quais renascerá a fênix.

Viver agora representa de fato um desafio e, no entanto, nos dá a oportunidade de crescimento que só a série de circunstâncias atuais pode oferecer. Se desejamos que nossa Terra continue a sobreviver, não se podem mais admitir os conceitos que foram planetariamente aceitos durante milênios. O modo como vimos nos relacionando conosco e com os outros precisa ser modificado para desimpedir o caminho para a paz interior e exterior que tanto almejamos. Como raça, estamos sendo forçados a desenvolver nosso poder, não pelo poder propriamente dito, mas para expressarmos e compartilharmos dinamicamente a paz e o amor que cada um de nós personifica no âmago do ser. Há realidades que têm de ser enfrentadas e que não podem mais ser negadas; a mais evidente delas é a de que o nosso planeta está morrendo e que será preciso um esforço unificado da coletividade para que atravessemos com êxito o limiar da Era de Ouro de Aquário.

Todos somos candidatos à plenitude e perfeição que as *Transmissões Cristalinas* nos oferecem. Trata-se da identificação com a infinita presença de Deus dentro do nosso ser, e de integrar a Essência Divina em todos os aspectos da nossa realidade física. Então, e só então, seremos capazes de respeitar essa mesma presença no interior de todos os outros seres, visíveis ou invisíveis, encarnados ou desencarnados, sem nos importarmos com raças aparentemente opostas, ou com diferenças de sexo, credo ou cor. Neste ponto, a visão e o objetivo de *Transmissões Cristalinas* são adaptar e integrar nosso corpo de luz ao nosso corpo físico. Essa visão se tornará uma realidade quando a nossa natureza espiritual for consistentemente expressa nas mínimas facetas da nossa vida. Então, o que definimos como milagre constituirá as leis segundo as quais aprendemos a viver.

Este livro, que amplia e aprofunda seus estudos sobre o tema abordados em livros anteriores, nos leva a um novo começo, oferecendo-nos sementes de possibilidades a serem semeadas dentro do nosso coração. Pelo processo de concepção, gestação e nascimento dessas informações eu mesma fui transformada. Mais do que *Crystal Enlightenment* e *Crystal*

Healing*, este livro me proporcionou muita alegria e representou um desafio maior. Tornei-me cada vez mais consciente de que, para divulgar essas informações, teria de fazer experiências diretas a fim de que não só a mensagem, mas também a essência da transmissão, pudessem ser divulgadas por meio do que escrevi. Se estiverem se perguntando por que levei tanto tempo para completar este livro, saibam que aproveitar as possibilidades e vivenciar as realidades foi um processo pessoal que exigiu tempo, bem como pesquisas e testes.

No momento em que completo *Transmissões Cristalinas*, e o ofereço a vocês, mais do que nunca estou ciente do papel que os cristais desempenham no nosso processo evolutivo. Eles são representações incríveis daquilo que buscamos ser: espírito e matéria unidos. Trata-se de energias cristalinas puras e de raios coloridos que afetam nosso ser de maneiras que nos dão mais esperança, mais cura, mais beleza e mais luz para a nossa vida. Os cristais e as pedras têm sido fenomenais mestres e agentes de cura em nosso processo rumo à perfeição. Entraram em cena com força total, num momento em que mais precisávamos deles. Chegou afinal a hora de reconhecermos o seu lugar em nossa vida e de abrirmos os braços para acolhermos o fato de que o que eles simbolizam e representam para nós exemplifica o nosso próprio potencial.

Já não é adequado dar mais poder a qualquer objeto externo (ou pessoa) do que damos à essência divina da nossa fonte interior. Só quando nos identificamos completamente com essa fonte interior de

---

* *Crystal Enlightenment* e *Crystal Healing* foram publicados originalmente pela Editora Pensamento com os títulos *As Propriedades Curativas dos Cristais e das Pedras Preciosas* e *a Cura pelos Cristais: Como Aplicar as Propriedades Terapêuticas dos Cristais e das Pedras Preciosas*, respectivamente. Em 2021, as duas obras foram publicadas numa edição única, com ilustrações coloridas e texto revisto e atualizado, com o título *As Propriedades Curativas dos Cristais e das Pedras Preciosas – Um Manual de Estudos Introdutórios e Aplicações Práticas sobre Cura energética*. (N. da T.)

força, podemos esperar que a paz e a segurança pessoal sirvam de alicerce à transformação planetária.

Para enfrentarmos todos os incríveis desafios das próximas décadas, temos de estar intimamente ligados ao grande todo cósmico. À medida que estabilizarmos nossa identidade na presença de Deus, que nutre ambas as polaridades da Terra, seremos capazes de lidar com elas, de nos ajustarmos a elas e de recriarmos o mundo o qual cada um de nós representa uma parte imprescindível.

Eu lhes ofereço nas páginas seguintes técnicas e informações que lhes servirão de apoio nesse processo. Como faço com todos os livros que escrevo, quero mencionar que toda a informação que contêm está aberta à revisão já que continuo a aprender e a fazer mais experiências. Portanto, humildemente coloco cada livro nas mãos da vontade divina para que seja recebido e usado por aqueles que estejam prontos para ele e que, de algum modo, possam dele obter ajuda. Quero aproveitar esta oportunidade para agradecer a todos por estarem prontos a receber a essência da minha alma por meio dos meus livros e por darem à minha vida mais propósito e sentido do que julguei possível. Saibam que os amo e que SEI que, juntos, poderemos realizar uma grande cura em nosso planeta.

Parte I

TRANSMISSÕES CRISTALINAS

Capítulo 1

TRANSMISSÕES CRISTALINAS

A evolução humana está em uma encruzilhada crítica e as opções estão claramente indicadas nas placas de sinalização. Por um lado, é óbvio que o sistema ecológico da Terra foi seriamente danificado e que os nossos recursos naturais têm sido poluídos e quase exauridos. Como raça, ainda não aprendemos a conviver em paz, uma vez que as nações continuamente declaram guerra umas às outras, fazendo-nos correr riscos de extinção nuclear. Apenas esses dois fatores já apontam para o potencial holocausto planetário. Por outro lado, entretanto, existe a possibilidade de que a luz espiritual seja sintetizada em cada mínima faceta da nossa vida. Isso, na verdade, alteraria a própria natureza da vida neste planeta e a Terra seria recompensada com a coroa de glória. Do meu ponto de vista, este é o único meio de evitar a destruição global, que, compreensivelmente, espera a raça humana. Este livro é dedicado à esperança e à visão dos seres humanos vivendo em perfeita sintonia e harmonia consigo mesmos e com todas as outras criaturas vivas.

A expressão "Transmissões Cristalinas" é sinônimo de "fusão do espírito e da matéria" e de "viver o céu na Terra". Esse estado de ser é a eventual conquista do nosso processo de crescimento humano e da experiência pessoal que cada um de nós tem a oportunidade de ter. Sim, a história registrou grandes nomes como Akhenaton, Jesus Cristo, Buda, Maomé e Gandhi, que viveram de acordo com a vontade divina e nos serviram de exemplo. Contudo, agora o tempo exige que um número muito maior de pessoas receba a herança divina, alinhando-se com a essência de sua alma e esforçando-se para viver a verdade em todas as atividades de sua vida. Só então a força espiritual será transmitida à essência da substância da Terra a fim de tocar todas as criaturas vivas e tornar possível a transformação planetária.

Para obter as informações apresentadas nesta parte do livro (bem como na parte que fala sobre as Principais Pedras Energizantes), foram necessários anos desta vida, assim como experiência em outras existências. Essas informações explicam como podemos ativar e integrar nosso corpo de luz em nossa forma física e fundir a realidade de ambos os mundos, criando um modo de ser e uma ordem inteiramente novos nesta Terra. O objetivo último de trabalhar com cristais é TORNAR-SE a realidade cristalina, a luz dentro da forma, o espírito na matéria. É verdade, os cristais e as pedras são usados com grande eficiência para facilitar esse processo. Em certo sentido, eles não são apenas o símbolo dessa realidade, mas também os próprios instrumentos e mestres que nos ajudam a conquistá-la. Contudo, aqui deve ser esclarecido o que é de fato importante. Os cristais não representam um fim em si mesmos. Em última análise, não lhes devemos dar mais poder do que à ligação direta com a nossa própria fonte anímica. A questão é esta: tudo de que realmente precisamos é saber quem somos no nível essencial mais fundamental do nosso ser e aspirar à manifestação dessa presença divina em nossa vida.

A hora terá soado para nós quando os antigos mistérios puderem ser conhecidos por toda a raça humana. O relógio cósmico bateu a hora certa, e aquilo que antes foi preservado como um segredo destinado apenas aos sumos sacerdotes e às sacerdotisas, aos que receberam as ordens e a uns poucos iniciados dignos de confiança, agora ficará disponível a todas as pessoas que possam aperfeiçoar-se por seu intermédio. Um grande ciclo está aproximando-se de sua conclusão e com ele chegam tremendas possibilidades e potenciais para todas as pessoas hoje encarnadas no planeta. Nunca houve antes tanto potencial para as pessoas na história da raça humana – para a perfeição e a plenitude, ou para a destruição planetária. O desvelamento da verdade antes oculta é uma jornada sagrada que toda pessoa agora tem a oportunidade de realizar. Ela envolve escolha consciente, direção determinada e um compromisso de ação destinado a definir e a criar claramente uma nova realidade com as probabilidades existentes.

É tempo de cada um observar com sinceridade o santuário interior do seu coração e compreender o que é verdadeiro, o que sempre o foi e continuará a ser, assim que esse corpo físico for transformado em pó e as estruturas do ego pessoal esmaecerem no nada. Nosso Sistema Solar está completando um grande ciclo galáctico e a Terra e toda a sua prole estão intimamente envolvidos. Com o encerramento dessa grande revolução chega a oportunidade mais fundamental que este mundo já presenciou. Um influxo grandioso de força espiritual está se irradiando sobre a Terra e sobre o nosso ser a cada momento. Nessa época, é necessário preparar-nos para essas emanações e preparar o caminho de tal maneira que a "verdade eterna" possa encontrar um lar em nosso coração e na Terra. À medida que estabilizarmos nossa identidade na "essência imortal de todas as coisas", o caminho será aberto para que as energias espirituais se manifestem em uma base constante na consciência humana e neste plano físico.

As Transmissões Cristalinas constituem o processo por meio do qual as pessoas assentam e integram o corpo espiritual de luz no corpo físico. Quando isso acontece, a presença divina se torna parte integrante da consciência das mínimas facetas da vida diária. À medida que mais e mais pessoas incorporarem essa força luminosa, não mais se poderá deixar de transmitir essa frequência para o mundo a fim de ajudar e influenciar os outros no mesmo processo. Os cristais são intermediários poderosos com os quais trabalhar quando nos preparamos para a espiritualização completa. Eles são as formas por meio das quais esta realidade se manifesta aos nossos olhos. Em um cristal, cada átomo, cada molécula, cada componente individual vibra em harmonia com a força divina que o criou. Eles são a representação verdadeira da união do espírito e da matéria. Se usados corretamente e com a intenção certa, os cristais e as pedras de cura podem nos ajudar muito bem a atingir a nossa essência cristalina interior e a transmitir essa luz espiritual a cada aspecto da nossa natureza humana. A harmonização e o alinhamento inatos nos cristais agora também podem tornar-se nossos se estivermos dispostos a nos interiorizar e a trabalhar para consegui-los. Uma das chaves mais importantes desse processo é o nosso poder e habilidade de "identificação consciente".

O poder de identificação

Na época que agora atravessamos, nada mais funcionará a não ser a identificação com o âmago essencial do nosso ser, que é eternamente verdadeiro e incondicionalmente amoroso. Essa é a tremenda oportunidade ao nosso alcance. Quantas vezes nos identificamos com menos do que isso? Com que frequência somos totalmente envolvidos e nos identificamos com o nosso sofrimento, com as nossas emoções, os nossos pensamentos, os nossos papéis sociais, o nosso sexo, o nosso corpo e o nosso limitado sentido do eu? Até agora, a maior parte do nosso tempo e energia tem sido gasta em vivenciar os caminhos e os meios terrenos, das emoções, da mente e do sentido individual do eu. Tudo isso está destinado a terminar. Estamos tão mergulhados no "exclusivamente pessoal" que na maior parte do tempo agimos dentro das limitações de uma identidade, em última análise, falsa. Relacionando-nos apenas com o sentido individual do eu, somos drasticamente influenciados pelas leis que governam a natureza efêmera do mundo. Em vez disso, por que não nos abrirmos a viver de acordo com os princípios espirituais que regem essas leis terrenas?

Entramos agora em uma nova era do nosso processo de crescimento, era na qual é possível sentir que o mesmo Deus para o qual estivemos orando está dentro do nosso coração. Mas quantas vezes nos aprofundamos suficientemente em nosso coração a ponto de descobrirmos o lugar onde somos de fato UM com a força da própria criação? Com que frequência nos relacionamos com a natureza impessoal do nosso ser, aquela que inspira o próprio pulso da vida, não só neste planeta, mas na totalidade dos reinos manifestos e não manifestos da criação? Quantas vezes aquietamos bastante a nossa mente para percebermos o Grande Sol Central, o gerador de força do nosso sol solar e sermos acalentados por ele? Acaso o nosso coração está intimamente satisfeito e é capaz de abraçar a vastidão da nossa galáxia, do universo do qual a Via Láctea é só uma parte, ou o ilimitado cosmos que traz à vida toda a criação? É possível nos ligarmos não só com essa fonte durante todo o tempo, mas também nos identificarmos intimamente com ela, extrairmos sua sabedoria para a nossa mente e sua incondicional compaixão para o nosso coração. Sim, essa possibilidade existe, mas precisamos cumprir algumas etapas muito práticas para torná-la uma realidade.

A única maneira possível de assimilarmos o poder pelo qual fomos criados é a contínua recordação da nossa divindade. Só ao nos identificarmos com a nossa origem podemos ser fortes o bastante para trazer à Terra as condições em que o amor possa florescer e a paz prevalecer. Nada a não ser essa conexão sagrada pode nos preparar para mantermos a concentração no que está nascendo, em vez de sermos consumidos pelo medo do que está destinado a desaparecer. Com a mente e o coração firmemente concentrados na essência que representa a nossa própria vida, saberemos que as mudanças que nos forçam ao desapego nada mais são do que o trabalho de parto que dará nascimento a uma nova aurora, um novo início no horizonte da nossa alma. À medida que nos desapegamos de tudo o que não vibra mais em harmonia com o espírito, poderão ser reabertos canais que se deterioraram devido ao mau uso que se fez deles. Assim que esses novos canais estiverem restabelecidos, as qualidades espirituais fluirão em nossas veias para alimentar cada célula com a recordação da finalidade e da clara identidade com o divino.

A chave essencial para atualizar a força espiritual sobre a Terra está na identificação consciente. Toda vez que você disser "eu sou...", compreenda que sua identidade está ligada a tudo o que disser (ou sentir, ou pensar). Por exemplo, se eu digo "estou frustrada", identifiquei meu ser com a frustração e me transformei nesse estado emocional. Defini minha identidade por uma condição muito limitada e desconfortável, e continuarei assim até que algo (que, em geral, está fora do meu âmbito pessoal de controle) aconteça ou eu resolva me redefinir.

Como raça, temos tantas identidades subconscientes previamente definidas que é necessário um esforço diligente para nos desligarmos dessas noções e nos identificarmos outra vez de forma consciente. E, quando o fazemos, podemos escolher aquilo com que nos identificamos e a que apegamos o nosso ser. Sim, podemos nos tornar grandes em nossa sociedade e no mundo se de fato escolhemos isso; podemos ser bem-sucedidos e nos estabilizar financeiramente se for esse o rumo que escolhermos; podemos literalmente redefinir e recriar a nós mesmos da maneira que decidirmos. No entanto, o que é essa essência pura, dentro de cada um de nós, que exige reconhecimento; o que é o "absoluto", a única presença que pode desenvolver a paz, o amor e a verdade em nosso ser? Assim que nos identificarmos com essa presença interior de Deus, tudo o que se relaciona com a nossa realidade mental, emocional e física poderá reajustar-se e alinhar-se com um novo sentido de ordem. É hora de reavaliarmos, de determinarmos novamente e de voltarmos a concentrar a nossa força vital nessa prioridade escolhida. Essa é a esperança que dá à luz um sentido inteiramente novo e todo abrangente do eu e permite que a Terra conceba uma prodigalidade compatível com os esforços que há tanto tempo vem fazendo.

Há muitos programas subconscientes, aos quais nos apegamos involuntária e inconscientemente, que devem ser observados e com os quais teremos de lidar de forma honesta e direta. Um dos mais poderosos é o padrão de ataque-defesa-proteção. Esse programa é a raiz de qualquer guerra que a Terra já viu e é geneticamente transmitido à raça humana há milhares de anos. Esse padrão é tão forte que é acionado automaticamente e agora está assumindo proporções globais, justamente porque é continuamente dramatizado na nossa vida pessoal e nos nossos relacionamentos. É devido ao fato de nos identificarmos com algo aquém do nosso verdadeiro Eu que encaramos as coisas de maneira tão pessoal e nos sentimos como se estivéssemos sendo individualmente atacados. Mesmo que outra pessoa de fato nos ofenda ou ataque verbalmente, temos a opção de aceitar ou não a ofensa. Se nossa identidade não estiver em sintonia com a nossa verdadeira essência, haverá chances de reagirmos involuntariamente ao programa de ataque. Ao tentar defender o nosso frágil ego, protegemo-nos, ou nos retraindo com medo para a insegurança, ou contra-atacando com raiva e violência.

O caminho das Transmissões Cristalinas requer autodomínio. Teremos de optar conscientemente por uma nova identificação e pelo fortalecimento do amor acima de tudo – em especial, acima da nossa identificação subconsciente com o medo e o rancor. É tão fácil tentarmos provar que estamos certos, em vez de criar a paz, e é tão fácil tentarmos provar que temos razão fazendo ouvidos moucos, em vez de nos dispormos a uma maior compreensão, ou querermos vencer a batalha ou o conflito, em vez de buscarmos a harmonia! Agora é necessário que mudemos os antigos programas genéticos que atuam pelas leis e prescrições do medo. Ao fazermos isso, os próprios alicerces da vida que conhecemos terão de ser reestruturados e recriados de um modo que se harmonizem com a essência impessoal que dá vida a todas as coisas. Esse novo modo de existência não se fundamenta nas definições limitadas da realidade que nos foram ensinadas. Em vez disso, fundamenta-se nas leis do espírito que atuam em harmonia com a humanidade.

O programa genético de ataque-defesa-proteção precisa ser rompido dentro de nós. Se não tivermos a paz interior, como podemos tentar criar a paz, mesmo nos nossos relacionamentos mais íntimos – com pais, filhos, cônjuge, amigos, vizinhos ou compatriotas? A nossa sobrevivência como raça torna imprescindível, neste momento, que esse padrão seja alterado e conscientemente reprogramado com um profundo sentido interior de segurança no divino. É de suma importância consolidarmos as nossas energias, individual e coletivamente, concentrando-nos nos aspectos do nosso ser, ligados ao espírito infinito. É tempo de nos identificarmos conscientemente com essa fonte interior sagrada e de, em todos os momentos, extrairmos nossa verdadeira segurança e energia de cura do único lugar em que ela de fato existe: a essência cristalina do nosso próprio ser.

Quando uma pessoa se identifica clara e conscientemente com a "essência de tudo o que é" dentro de si mesma e busca viver de acordo com essa verdade, são plantadas novas sementes destinadas a florescer e a dar frutos que concretizarão e alimentarão todos os aspectos da personalidade humana. Quando você afirma "Eu sou essa essência, eu sou," e acredita nisso, ocorre uma grande transformação, não só no santuário interior do seu próprio ser pessoal, mas também exteriormente, em todos os seus relacionamentos e assuntos mundanos.

Rendendo-se ao divino impessoal

Relacionar-nos e identificar-nos com a impessoalidade da nossa natureza divina não significa perder a conexão com as preocupações naturais da vida cotidiana. Não significa que todos os assuntos pessoais importantes ficarão de lado. Não nos tornaremos indiferentes a este mundo físico, que é o campo de treinamento que mais apresenta desafios ao espírito e do qual obviamente somos alunos. Entretanto, pode significar que optamos por permear nossa realidade física com essência suprema, de modo a nos alinharmos com o maravilhoso e com o miraculoso. Agora, é importante que nós, seres humanos de luz em evolução, saiamos da esfera de vida unicamente pessoal, em um limitado nível terreno, incorporemos o divino impessoal ao nosso ser, a fim de que ele nos apoie regendo todos os nossos interesses. Essa substância essencial é a própria força que faz que o nosso coração bata, o nosso corpo exerça suas incríveis funções, dando à nossa mente ímpeto para criar pensamentos conscientes. Em uma escala mais ampla, essa energia provoca simultaneamente a rotação da Terra no seu eixo e ao redor do Sol, enquanto rege o movimento perfeito de toda a galáxia. Se essa presença latente impregna tudo isso e lhe dá movimento e vida, acaso não podemos confiar-lhe a direção e a reorganização dos nossos assuntos mundanos aparentemente importantes?

A presença da força de Deus atua em todas as coisas e, como seres humanos de luz, somos capazes de reconhecê-la como a nossa verdadeira identidade – o que fomos antes desta vida (ou de qualquer vida humana) e o que continuaremos a ser quando esta Terra e o nosso Sol não existirem mais. Mas como é possível trazer a divindade máxima para o humanamente pessoal? Por quais meios introduzimos o espírito em nosso ser, em nossos próprios nervos, em todas e em cada uma das nossas células? Por certo, é somente por meio desse tipo de intervenção divina que gerações de codificação genética com base na carência, na insegurança, no sofrimento e na guerra podem ser transmutadas e reprogramadas.

Usando os cristais como nossos exemplos e mestres, podemos ver que é possível à forma manifestar a luz, visto que cada molécula se alinha na ordem perfeita, para que cada átomo vibre em uma frequência comum. Sim, também para nós é possível alinhar as fibras do nosso corpo, os nossos pensamentos e todo sentimento que emana do nosso coração com essa fonte comum. O que se requer é um esforço sincero, determinação e, o mais importante de tudo, receptividade.

É impraticável tentar usar nossa mente e pensar como seria a presença divina nos assuntos humanos. Nossa mente ainda não foi programada dessa maneira. Para nós é difícil perceber qual seria a aparência do resultado dessa fusão, a sensação que causaria ou no que se transformaria enquanto ela ainda não estivesse integrada ao reino da experiência pessoal. Nesse ponto, até mesmo a nossa imaginação mais extravagante não basta para idealizar essa realidade. O melhor que podemos fazer nesse estágio é criar uma abertura em nossa mente, em nosso coração e em nosso corpo para que essa presença se materialize. Esse estado de receptividade cria dentro do nosso ser um espaço aberto, livre, que dá as boas-vindas ao influxo da pura força essencial. Trata-se de um convite consciente com um confiante *répondez, s'il vous plaît* (por favor, responda). Esse espaço aberto está totalmente livre de identificação prévia e repleto de potencial e de possibilidades.

É num estado de silêncio e de paz interior que essa presença simplesmente "se torna" parte de você. Para que esse convite seja aceito, é preciso um tempo de tranquila meditação. Exige-se disciplina pessoal para aquietar a mente e abrir o coração à sua concepção. Mas há garantia. Assim que os alicerces para essa nova identidade estiverem formados, a vida mudará e se harmonizará com a paz dessa presença sagrada. Não tente definir os caminhos e meios pelos quais ela se manifestará – apenas se abra e permita que "ela" se sobreponha a todos os velhos padrões e sofrimentos. O resto vem naturalmente e traz os frutos da divindade. Essa é a primeira fase do processo das Transmissões Cristalinas. Ela se parece com o período de noivado que precede o casamento do corpo de luz com o corpo físico.

Práticas e preparação

A arte, ciência e tecnologia para sedimentar o corpo de luz no corpo físico requerem alguns requisitos preliminares e envolvem algumas etapas práticas. Primeiro, como afirmamos antes, fazemos uma abertura consciente quando nos curvamos e nos rendemos humildemente diante do altar do Divino Impessoal. Então, em geral, é necessário passar por certa dose de limpeza, de esclarecimento e de desapego às crenças programadas acerca da natureza da vida e do mundo do qual somos parte. A mente necessita ser conscientemente trabalhada e reprogramada. A meditação concentrada em que nos afirmamos, nos confirmamos e nos identificamos com a essência sagrada do "eu sou" lança os alicerces sobre os quais o corpo de luz pode entrar no reino mental.

O nosso frágil coração humano necessita também de cura e de rejuvenescimento. Por essa razão foi escrito *A Cura Pelos Cristais*,* que tornou acessíveis os rumos e meios para nos restaurarmos e redefinirmos emocionalmente. À medida que o nosso coração entende o motivo pelo qual precisamos conhecer o sofrimento humano, uma nova fé e esperança renovarão a nossa capacidade de amar profunda e completamente, mais do que imaginamos ser possível agora.

---

* Cf. nota p. 15.

O corpo físico precisa ainda ser diligentemente preparado para o influxo maciço de energia espiritual decorrente da descida à matéria do corpo de luz. Um exercício diário para fortalecer os músculos e os órgãos, exercícios respiratórios para aumentar a oxigenação, a ingestão de mais água pura, uma alimentação adequada e tempo para o lazer são os requisitos necessários no nível físico.

Aqui, é importante compreender que as fases iniciais de limpeza, de desapego, de cura e de fortalecimento são muito importantes durante todo o processo. Deve-se conceder bastante tempo e energia a esses estágios preparatórios, antes de passar aos verdadeiros exercícios e aos esquemas de iniciação (que vêm logo adiante neste livro), para literalmente introduzir o corpo de luz no corpo físico. A preparação pessoal pode exigir semanas, meses ou até mesmo anos antes que se possam praticar as Meditações do Sol, que vêm a seguir, antes que se possa trabalhar com o Esquema das Principais Pedras Energizantes ou ativar os chakras não físicos. *Se não se está adequadamente preparado, pode acontecer muito mais mal do que bem.* É melhor ir devagar e receber orientação clara antes de embarcar numa experiência com esses processos avançados. Assim que tiver dominado os requisitos iniciais, a pessoa poderá candidatar-se às Transmissões Cristalinas!

Algumas modificações notáveis se tornarão óbvias logo que se completarem os estágios preparatórios e o corpo de luz começar a sua ancoragem. Primeiro, certo grau de desapego dos ilusórios modos de funcionamento e das formas de desenvolvimento natural do mundo. Não que você não se importe; em vez disso, você passa a ver a vida de uma perspectiva mais ampla e a ter mais fé em que tudo funcionará perfeitamente. Os sintomas das Transmissões Cristalinas são um bem-estar e uma alegria cada vez maiores, uma preocupação genuína, mas desapegada, um maior senso de humor e um visível aumento de compaixão. Você obterá uma segurança interior que o levará a negar qualquer temor que surja e uma capacidade de reconhecer e apreciar a beleza da vida em todas as suas múltiplas expressões. Eis o que é mais importante do que tudo: uma inata e persistente confiança no poder cósmico que criou o seu ser se torna sua força e lhe mostra o seu objetivo. Observe essas mudanças em você mesmo. O primeiro sinal será a paz interior e um verdadeiro sentido de gratidão por essa experiência chamada vida humana.

Capítulo 2

O SISTEMA DOS DOZE CHAKRAS

Ao longo dos últimos milhares de anos, a maioria dos membros da nossa raça humana ficou primitivamente presa à vivência de coisas que existem no mundo físico e lhe pertencem. Até agora, utilizamos oito centros principais dos chakras. Mas nesse momento em que a nossa galáxia completa sua revolução global em torno do Grande Sol Central, começa uma Nova Idade de Ouro. A oportunidade se encontra onde, como seres humanos de luz, pudermos assimilar a abundância de raios cósmicos com que o Grande Sol Central hoje abençoa o nosso planeta. Se usadas de maneira adequada, essas emanações solares podem penetrar o véu que causa a escuridão da nossa mente, de tal modo que o medo deixe de consumir nossa consciência. Para consegui-lo, formando unidade com a essência de todas as coisas, é preciso ativar os três chakras transpessoais que existem acima do Chakra da Coroa. Então, para que essa energia se torne uma parte viva, uma parte da nossa existência que respira nesse plano material, é preciso que o Chakra da Estrela da Terra, que fica aproximadamente quinze centímetros abaixo da sola dos pés, seja ativado. Portanto, mais quatro centros energéticos precisam ser reconhecidos, trabalhados e despertados de novo.

Estruturas cranianas evoluídas

Nos anos em que estudei os remanescentes egípcios e peruanos das antigas civilizações da Atlântida e de Lemúria e fiz experiências com eles, tornou-se evidente que os seres avançados, que foram os primeiros habitantes deste planeta, encarnavam em uma estrutura física bem diferente da que observamos agora na raça humana. (Para mais referências, leia "Cristais Guardiães da Terra", *As Propriedades Curativas dos Cristais e das Pedras Preciosas*, pp. 301-07.) Quando esses evoluídos Anciãos da nossa raça encarnaram entre os homens, trouxeram consigo a capacidade de estabelecer uma sintonização constante com as forças energéticas de luz que se irradiavam do cerne resplendente da mãe Via Láctea. Naqueles tempos, as leis espirituais se manifestavam no plano terrestre e esses seres viviam em harmonia tanto com a terra como com o céu. Suas cabeças eram desenvolvidas de tal maneira que dois outros centros de energia estavam incluídos nas suas estruturas cerebrais, incorporando ao corpo físico a consciência superior. Atualmente, representações desses crânios alongados podem ser vistas no Museu do Cairo, bem como nas relíquias peruanas e maias. Já há algum tempo, seres extraterrestres benevolentes também têm sido retratados com cabeças alongadas por mentes criativas brilhantes, que nos criaram filmes como: *ET* (ET, o Extraterrestre, 1982), e *Close Encounterrs of the Third Kind* (Contatos Imediatos do Terceiro Grau, 1977). Sermos expostos pelos meios de comunicação a seres avançados com estruturas cranianas perfeitamente desenvolvidas como aquelas é mais um meio usado pela inteligência divina para reativar o nosso despertar e para erguer os véus da nossa consciência.

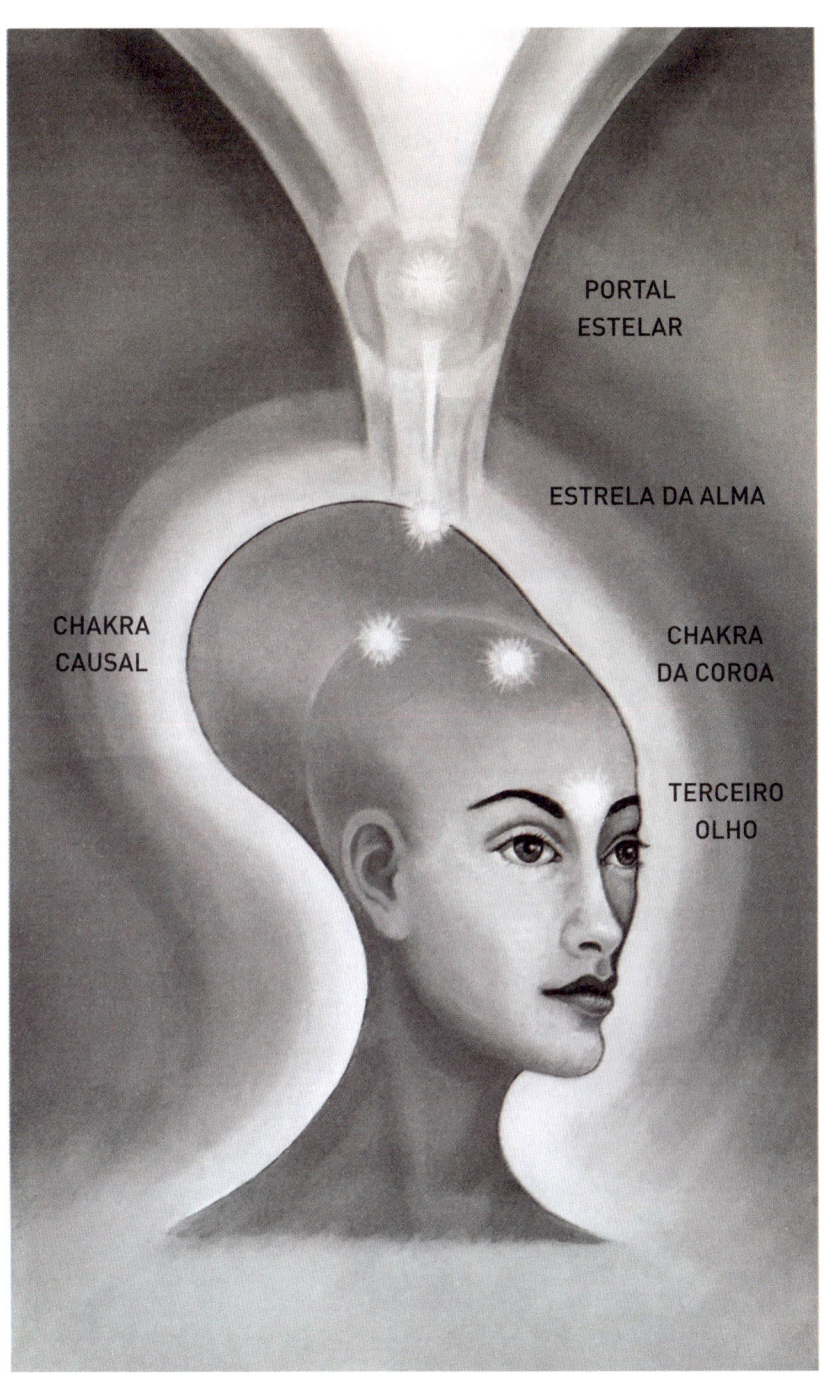

Estruturas Cranianas Evoluídas e Os Chakras Transpessoais.

Há uma pergunta comum sobre o destino dos nossos ancestrais mais remotos a que tentarei responder da melhor forma possível. Com o passar do tempo, a raça dos Antepassados ocasionalmente se acasalou com os primatas que se desenvolviam na Terra. Essa miscigenação genética diminuiu sua capacidade de se manterem sintonizados com a Essência Divina, e a estrutura craniana se modificou assim como mudou a consciência que ela encarnava.

Originalmente, esses seres encarnaram-se no início desse grande ciclo de tempo em que as emanações cósmicas que se irradiavam do Grande Sol Central estavam no auge. Durante os milhares de anos que se passaram nesse período, o processo de aprendizado envolveu o adensamento da força espiritual no lento movimento do tempo e do espaço. Consumidos na matéria, os véus da lembrança tornaram-se mais espessos e eras de esquecimento se seguiram. Agora, quando esse ciclo se completa, mais uma vez a Terra recebe uma abundância de raios cósmicos do centro da nossa galáxia. Não é provável que a estrutura da nossa cabeça se altere de fato, embora neste ponto tudo possa acontecer. Mais significativo é que agora existe a possibilidade de reativar esses centros dos chakras mais elevados e de tornar a despertar os estados de consciência que eles podem emitir.

Outrora, todos os doze chakras estavam em estado ativo e todo o espectro iridescente da consciência se manifestava por inteiro. Isso ocorreu quando nossos Antepassados estavam em sintonia com as forças da criação e usavam as energias universais disponíveis para propagarem formas de vida incríveis neste planeta. À medida que transcorria o ciclo naturalmente previsto de involução, a consciência se concentrava no sentido pessoal do eu e os três chakras superiores entravam em um estado de dormência. A Essência Divina não era mais identificada como um Eu. Em vez disso, a presença infinita foi esquecida e as pessoas se relacionavam com um Deus ou com deuses que estavam separados delas. Era como se a realidade do espírito se tornasse um mero reflexo vago, algo que poderia ser relacionado apenas com o aspecto exterior da experiência ou da expressão pessoal.

Esse padrão do ego (ou identificação individual) criou os ciclos de renascimento, de dor e de separação, que se tornaram a realidade dos que viviam neste plano terrestre. Quando os humanos têm apenas um mero reflexo difuso da verdade, em vez de conhecê-la pessoalmente e de terem acesso a ela, o resultado natural é o medo. Se a energia vital é usada somente para o objetivo e o prestígio pessoal, a Essência Divina se torna tão nebulosa que apenas sombras cinzentas se refletem na vida das pessoas. Uma pessoa que se relacione exclusivamente com o próprio sentido limitado de poder, em vez de se relacionar com o domínio onipotente do divino, está destinada a enfrentar o derradeiro medo da morte pessoal e da extinção. A realidade é que tudo, a não ser a presença divina impessoal, terminará por ser destruído nas mãos do tempo e do espaço.

No entanto, esse ciclo, que implicou esquecimento velado, é o próprio processo por meio do qual novas estirpes de seres evoluem e começam verdadeiramente a conhecer o uso correto do poder e a glória da sua Unidade. Não nos cabe condenar as nossas experiências no plano terrestre ou nos sentirmos culpados por elas, não importa quais tenham sido. Trata-se agora muito mais de podermos organizar a colheita deste ciclo e reacender as forças que realinharão nossa alma e ativarão nosso corpo de luz. É hora de nos rejubilarmos, é tempo de plenitude e de perfeição potencial, um tempo de realinhamento e de sintonização com o que nos guiou e manteve salvos nas horas tenebrosas da noite.

Nos dias que estão por vir, as radiações do grande Sol galáctico mais uma vez se derramarão sobre todas as coisas vivas da Terra com energia cósmica ampliada. Com essa ajuda celestial, temos a possibilidade de uma vez mais sintetizarmos as forças de luz dos chakras superiores e de integrarmos nos estados de consciência expandida todas as lições que o ciclo do plano terrestre nos ensinou. Sim, a percepção agora será diferente do que foi há milhares de anos, quando esses chakras funcionaram pela última vez. Temos muito a oferecer, muito a acrescentar ao conhecimento de como viver o espírito em uma forma humana. A ancoragem da nossa alma para a matéria aconteceu com uma finalidade especial, que agora pode ser compreendida e concretizada se um número considerável de pessoas tiver coragem, readaptando-se às influências celestiais e dando as boas-vindas às mudanças que resultarão no nosso pleno desabrochar.

Os três chakras transpessoais

Os três centros superiores de energia transpessoal são denominados aqui a Estrela da Alma, o Chakra Causal e o Portal Estelar (ver ilustração, p. 35). Cada um desses chakras tem um objetivo específico destinado a permitir que a Essência Divina Impessoal seja concretizada e assimilada pelos oito chakras hoje existentes na forma humana. Antes de falarmos dos chakras superiores, façamos primeiro uma rápida revisão dos centros de energia que mais conhecemos. O sistema usado na cura com cristais é ligeiramente diferente do sistema mais conhecido, originário da Índia, porque nele há oito, em vez de sete, chakras envolvidos. No sistema védico, o plexo solar e o umbigo são combinados em um único chakra, enquanto, na cura com cristais, cada um desses centros constitui a sua própria energia e propósito individual. Esses oito chakras serão descritos como se estivessem abertos, equilibrados, em harmoniosa sintonia com todos os outros e funcionando nas mais favoráveis condições.

O Chakra da Coroa está localizado no alto da cabeça e é a sede mais elevada da consciência encerrada na estrutura cerebral física. Ele tem uma dupla função. Em primeiro lugar, é o portão através do qual a consciência humana individual pode "irradiar-se" para se conectar com os três chakras transpessoais. Em segundo lugar, o Chakra da Coroa é o lugar onde a energia divina impessoal pode plasmar-se em uma finalidade individual e pessoal. É através da coroa que o estado de "unidade" pode ser assimilado e canalizado para os demais chakras físicos. Esse chakra tem o potencial de funcionar como um vórtice de dupla hélice, com a energia saindo em espirais para ligar-se a uma totalidade maior e, ao mesmo tempo, dirigindo-se para a materialidade.

O centro da terceira visão fica na testa, entre as sobrancelhas, e é chamado de "o olho da alma". É onde se pode testemunhar a perfeição divina no seio de todos os assuntos mundanos. Esse chakra prende a mente ao conhecimento, à intuição e à sabedoria interiores. Existe uma ponte etérica que pode ser conscientemente construída para ligar o terceiro olho ao Chakra da Coroa. Assim que ela é construída, a finalidade divina pessoal de cada um e sua conexão com o infinito são constantemente testemunhadas pelo terceiro olho, mesmo em meio à atividade física.

O Chakra da Garganta está localizado no ângulo formado pelo encontro dos ossos da clavícula. Esse centro energético existe entre a cabeça e o coração e deve ser usado para a expressão oral clara do que se pensa e sente. O poder da palavra, do som e da manifestação verbal é atualizado através desse chakra.

O Chakra do Coração é encontrado no centro do peito e está associado com a força do amor incondicional. É aí que o Divino Impessoal encontra sua maior expressão humana por meio da compaixão.

O plexo solar está situado no final do externo, onde as costelas se separam e se inicia a cavidade abdominal. Idealmente, o plexo solar funciona em harmonia com sua oitava superior, o coração. Com isso, sente-se amor por todas as coisas relacionadas com a Terra.

O Chakra do Umbigo, no meio da barriga, é o centro de energia através do qual a Essência Divina pode expressar-se no âmbito humano por meio da manifestação física. É aí que o nosso sentido pessoal de poder pode assimilar frequências cósmicas e materializar essas energias em criações físicas e na obtenção das metas.

O Chakra Sexual ou segundo chakra está situado a meio caminho entre o osso púbico e o umbigo. A energia criadora que produz a vida é gerada aí e pode ser usada na criação da própria vida física ou sublimada e canalizada para outros fins. Através desse centro de energia podem ser estimulados grandemente o rejuvenescimento, a regeneração e a revitalização do corpo físico.

O Chakra da Raiz situa-se entre o ânus e os órgãos sexuais, com pontos associados no centro do osso púbico e no centro de cada virilha. Este chakra é o ponto básico por meio do qual a Essência Divina estabelece residência definitiva no corpo humano, sobrepondo a consciência da coroa e o amor incondicional do coração aos instintos de luta e de fuga da sobrevivência animal.

Também existem chakras secundários na palma de cada mão, nos ombros, nos cotovelos, nos joelhos e na sola dos pés – todos podendo ser usados de maneira consciente para concentrar energia espiritual. Mas, antes que qualquer dos centros de energia mencionados possa ser usado com sua capacidade máxima, é preciso ativar os três chakras transpessoais e a Estrela da Terra. Então emergem seres plenamente conscientes, manifestando perfeição em todos os aspectos, inclusive do Divino Impessoal e do intimamente pessoal.

Antes de continuar a falar sobre os três chakras transpessoais, quero enfatizar que, apesar de ter passado anos pesquisando extensivamente esses centros de energia, ainda não sinto que esse conhecimento esteja completo. Sou grata por compartilhar o que aprendi até agora, e preciso também acrescentar que a percepção plena desses chakras superiores só acontece por meio da experiência pessoal, que todos estamos prestes a fazer. À medida que cada um de nós ativar conscientemente esses chakras, o seu conhecimento completo se apresentará e será transmitido em nossa vida numa base progressiva. Do mesmo modo, devido ao fato de a estrutura individual da cabeça das pessoas variar de tamanho, de formato e de proporção, os pontos exatos da localização desses chakras também serão ligeiramente diferentes. Com esse esclarecimento, tenho agora a satisfação de compartilhar com vocês o que aprendi durante essa pesquisa experimental com os três centros transpessoais de energia.

O Portal Estelar

O Portal Estelar está situado aproximadamente trinta centímetros acima do alto da cabeça e, pelo que sei até o momento, trata-se do mais elevado chakra que pode ser incorporado ao sistema humano. Ele é ativado por dois elementos essenciais: o primeiro são os raios cósmicos vitalizadores que emanam do Grande Sol Central, que o nosso planeta e os nossos seres estão recebendo agora. O segundo elemento crucial requerido para reativar o Portal Estelar é o poder da vontade humana concentrado na intenção consciente. Com a presença desses componentes, um ser humano de luz é capaz de alimentar espiritualmente todos os aspectos da personalidade, mantendo um vínculo direto com o Divino Impessoal.

Com esse chakra em seu atual estado de dormência, é quase impossível identificarmos inteiramente o nosso ser com o que é definido como "Deus". Contudo, à medida que o Portal Estelar se abre, a unidade pode ser sentida pessoalmente. Esta é a experiência última de todas as religiões, experiência em que a pessoa se identifica, no íntimo, com a presença inegavelmente real, embora inatingível, informe e indizível que há em todas as coisas. Não se trata de um mero estado de percepção. Trata-se antes de uma experiência de unidade que nos qualifica a afirmar com bravura, embora sem a empáfia do ego, que "Eu SOU o que eu sou".

A chave para descerrar os segredos dos espaços cósmicos estelares que podem ativar esse chakra é a comunicação. A comunicação é um sistema de transferência mútua de energia, em que cada parte transmite e recebe. Essa troca espiritual, em que a alma individual comunga com o espírito infinito, é o meio através do qual se pode integrar o Chakra Estelar no sistema humano. A alma precisa reconhecer e estar aberta para receber a experiência da unidade. A mente e o coração devem ser capazes de desapegar-se de identidades inferiores associadas com as estruturas da personalidade e do ego. Deve-se conseguir um tempo tranquilo a fim de dar prioridade a esse processo, à medida que ele venha a formar uma realidade física. Quando os canais de recepção estão limpos e abertos, o universo responde elevando a percepção e tirando-a dos reinos do que é limitadamente pessoal, para conduzi-la a espaços estelares em que a força criadora existe em união harmoniosa com todas as coisas.

Assim que se faz essa experiência, a presença estelar pode ser distribuída a todos os centros dos chakras inferiores (se estes mantiverem um alinhamento e um equilíbrio harmoniosos). Com a meditação diária, o Chakra Estelar transmite os raios cósmicos à consciência, ativa as fibras nervosas e literalmente eleva as frequências atômicas do corpo físico. Com esforço determinado, o Portal Estelar permanece aberto, e o estado de unidade com toda a criação cósmica poderá estabelecer-se nas funções terrenas. O resultado será uma sabedoria viva, uma imorredoura compaixão e uma conexão constante e permanente com a orientação divina nos assuntos humanos.

Mesmo nas estruturas cranianas avançadas dos antigos, o Chakra Estelar não estava contido no cérebro e existia fora do corpo. Ele sempre foi o chakra incapaz de se ligar a qualquer identificação individual. O Portal Estelar sustenta a suprema impessoalidade, aquilo que mantém o cosmos em impecável ordem e perfeição. O estado de consciência que ele transmite nunca poderá pertencer a uma única coisa, pois ele é a própria força que é todas as coisas. Por meio da ativação desse chakra, os seres humanos de luz podem vivenciar essa consciência última. Mas, para integrarmos essa frequência cósmica no reino da alma humana, temos de ativar a Estrela da Alma e alinhá-la com o Chakra Estelar.

A Estrela da Alma

A Estrela da Alma está localizada aproximadamente quinze centímetros acima da cabeça e é o elo que conecta o Portal Estelar e os oito chakras humanos. Ela é a ponte entre a essência impessoal e a realidade pessoal, entre o espiritual e o físico, entre o céu e a terra. A Estrela da Alma fica entre o Portal Estelar e os Chakras Causal e da Coroa (ver ilustração, p. 35).

Esse centro está agora acima da cabeça, mas antigamente se localizava na estrutura cerebral avançada que abrigava a consciência da unidade cósmica. Hoje, a Estrela da Alma está sendo ligeiramente ativada apenas por ser exposta às crescentes emanações que se irradiam do Grande Sol Central. Além disso, pode ser estimulada e despertada pelo uso da poderosa entidade cristalina da Selenita (mais informações sobre a Selenita são fornecidas na seção Principais Pedras Energizantes, na p. 73).

A energia mais poderosa e elevada de que temos consciência na terceira dimensão é a luz. As frequências mais sutis da luz são o meio pelo qual as emanações cósmicas impessoais podem entrar no plano físico. A Estrela da Alma é o chakra que transporta a infinita energia acessível ao Portal Estelar e a filtra para o nível anímico do ser humano de luz. Sua capacidade e sua finalidade únicas são reunir a essência separada do cosmos e personalizá-la nos domínios da alma humana. Se a energia cósmica ilimitada é adensada, a Estrela da Alma se põe a trabalhar e tece um corpo espiritual com a luz. Logo, está criado o meio pelo qual uma pessoa pode unir a amplidão do poder criador do UM onipotente com o poder humano individual.

O número 11 é um dos números dominantes e simboliza um novo começo em uma oitava superior. Restaurar a sintonia com essa poderosa energia do décimo primeiro centro indica que uma nova estrutura de vida pode ser tecida, à medida que os filamentos da força cósmica são delicadamente entrelaçados com a essência anímica da humanidade. A menos que esse chakra seja despertado, é pouco provável que a realização interior da Unidade venha a se manifestar alguma vez na atividade mundana. Assim que ressuscitar, a Estrela da Alma será capaz de manter um canal aberto através do qual pode fluir inspiração espiritual para a expressão pessoal. Todo o conceito de Transmissões Cristalinas está bastante relacionado com o número 11. Neste ponto, ele representa o potencial que todos temos para viver a vida de um modo inteiramente novo em um nível superior. Ao criarmos um corpo de luz com as frequências estelares e, em seguida, gentilmente guiarmos essa força para o sistema humano dos chakras, nós ativamos numa oitava superior a realidade física. Quando a energia cósmica é transmitida por formas conscientes de vida (tais como nós), ocorrerá grande cura e o coração dos outros será iluminado por essa presença divina que emana do nosso ser.

Tendo a capacidade única de assimilar a luz, a Estrela da Alma é altamente suscetível aos raios solares. Por esse motivo, as Meditações do Sol (detalhadas na p. 60) podem ser praticadas para continuar a ativar o centro dessa energia vital. À medida que os raios solares estelares são assimilados, começamos a sentir a conexão pessoal com a fonte infinita de energia responsável pela criação de toda a vida. Porém, para que esse divino amor e sabedoria impessoais sejam integrados aos caminhos e meios multidimensionais da vida sobre a terra, é imperativo que o Chakra da Estrela da Terra, localizado sob a sola dos pés, também seja ativado. (Informações específicas sobre a Estrela da Terra virão a seguir.) A Estrela da Alma e a Estrela da Terra são metades complementares do mesmo todo, cada uma permitindo à outra a sua plena e gloriosa expressão. Se a Estrela da Alma é ativada e a Estrela da Terra não, a luz nunca encontra sua plenitude na espiritualização da matéria.

A Estrela da Alma pode ser uma válvula de escape para os que têm um sentido interior de unidade, mas que até agora ainda não tiveram a coragem ou a capacidade de manifestá-lo na sua vida. É possível irradiarmos nossa consciência nos níveis inferiores da Estrela da Alma e nos relacionarmos somente com a luz. Porém, ao fazermos isso, o resultado será o desequilíbrio e a desorientação, e talvez se torne até mais difícil aceitar o desafio de atuar plenamente no mundo. Mesmo assim, não é possível fundir-se completamente apenas com os reinos estelares enquanto houver lições a aprender no plano físico. As ilusões da Terra tornam-se então como que um ímã, mantido em funcionamento graças à resistência que lhe é oposta. As válvulas de escape da Estrela da Alma ocasionalmente criam uma servidão maior à Terra.

É compreensível que almas sensíveis evoluídas prefiram, portanto, ficar na luz em vez de optarem por entrar plenamente nas condições de sofrimento que existem na Terra. Talvez fosse necessário que nos identificássemos exclusivamente com a luz, durante certo tempo. Mas agora chegou a hora em que podemos nos relacionar com a Terra de um modo inteiramente novo: podemos abraçar a totalidade. A essência da alma está intimamente ligada à unidade onipresente que se tornou personalizada na Estrela da Alma. Quando esse chakra é ativado, nosso sentido de conexão com todas as coisas resultará em um novo relacionamento com a Terra. Quando se é capaz de reconhecer que todas as coisas partilham da mesma essência espiritual, sente-se amor incondicional por tudo: pelo bem e pelo "mal", pela luz e pelas trevas, pela tristeza e pelo sofrimento, e por todas as criaturas grandes e pequenas. Essa unificação dos aspectos complementares do *yin* e do *yang* dentro de nós mesmos vai se refletir no mundo e fechar as amplas separações existentes entre nós. Desse modo, a luz é tecida na Terra e pode ocorrer uma transformação plena.

Ao se ativar a Estrela da Alma, um fator importante é a purificação psíquica. Há necessidade de limpar a poluição mental na área da Estrela da Alma antes que os raios estelares solares possam ser transmitidos. Viagens astrais inferiores que ocorrem nos estados de sonho, nos estados depressivos da mente, no uso abusivo de alucinógenos e nos pensamentos viciosos, que podem incluir fantasias, projeção ou imaginação auto-orientadas, podem deixar uma nuvem sombria na área acima do alto da cabeça. Esses níveis da mente astral inferior podem ser purificados ao se visualizar um globo branco e dourado de energia irradiando-se acima do Chakra da Coroa. À medida que a concentração é mantida acima do alto da cabeça, a fim de dissolver a poluição astral, também é muito importante assentar a energia colocando-se Turmalinas Negras na sola dos pés. Quando o espaço da Estrela da Alma está isento da influência das formas de pensamento, a Essência Divina tem mais facilidade para entrar no campo áurico, trazendo consigo frequências espirituais e padrões éticos mais elevados.

É na luz da Estrela da Alma que a alma entra quando o corpo físico morre e é aí que obtém uma perspectiva do seu processo evolutivo. A iniciação última é manter uma conexão consciente com a fonte enquanto se passa pela experiência da morte; em outras palavras, ter uma firme identificação com essa essência interior que nunca fenece. Só quando há uma extrema identificação com o plano físico essa conexão se rompe e surge o terrível medo de morrer. Esse medo está profundamente arraigado em um nível genético e tem sido transmitido através das gerações. Esses temores começam a mudar assim que a energia da Estrela da Alma é conscientemente transmitida para esses códigos programados nas células. As Meditações do Sol (p. 60) fornecem um exercício excelente com o qual se pode obter esse tipo de transformação celular.

Quando está totalmente ativada, a Estrela da Alma torna-se um vórtice de dupla hélice, com energia dos reinos estelares entrando na realidade física, enquanto a identificação pessoal está sendo projetada para fora a fim de manter conexão constante com a grande fonte de todas as coisas. (Como se afirmou antes, o Chakra da Coroa também tem essa capacidade.) O processo total envolvido nas Transmissões Cristalinas não é apenas o de fazer ascender a kundalini e elevar os instintos animais do corpo físico aos centros superiores de consciência; trata-se também da descida da força espiritual onipresente, através do Chakra

Estelar, para a individuação da Estrela da Alma. Assim que se fixa aí, a energia pode ser transmitida para a coroa e infiltrar-se em todo o espectro iridescente do sistema de chakras, com o objetivo final de a Estrela da Terra assentar a força espiritual nas raízes da humanidade.

O próximo passo na ancoragem do espírito na forma perfeita é dado pela ação do Chakra Causal. Como é possível fazer que os poderes da mente contribuam para as Transmissões Cristalinas? Como aquela fonte pura de energia cria a impressão mental da materialização? Leia a descrição do terceiro chakra transpessoal e essas perguntas serão respondidas.

O Chakra Causal

Antigamente, esse chakra ficava dentro da estrutura cerebral evoluída. Hoje está localizado no centro posterior da cabeça, entre sete e dez centímetros atrás do Chakra da Coroa (ver ilustração, p. 35). Essa localização também é a sede de um dos principais pontos da acupuntura, que pode ser estimulado em situações de emergência, e/ou quando for preciso criar um fluxo uniforme de energia dentro do cérebro. À medida que o Chakra Causal volta a despertar, são descobertos mais modos relevantes e adequados de usá-lo.

O poder mental de criar formas conscientes de pensamento só encontra paralelo na poderosa força do amor gerada no chakra do coração. Se for disciplinada e treinada para receber frequências sutis, a mente pode ser a maior ferramenta para as energias espirituais se manifestarem em ideias brilhantes. Por outro lado, se não for instruída de modo apropriado e continuar descontrolada, a mente se tornará extravagante e poderá ser o maior empecilho no desenvolvimento da consciência superior. O Chakra Causal é o terceiro chakra transpessoal e o centro de energia através do qual se manifesta o Divino Impessoal em padrões de pensamento sutil.

consciência universal plantadas no solo potente do Chakra Causal brotem como ideias ou conceitos. Sempre se necessita de tempo para que a germinação e a gestação ocorram. Nesse meio-tempo, a paz e a quietude podem ser assimiladas por níveis muito profundos da psique humana. (Para informações mais específicas sobre como ativar esse chakra vital, leia sobre a Cianita na parte que se refere às Principais Pedras Energizantes, p. 85).

Ativado, o Chakra Causal torna-se como que um oásis azul que continua claro e calmo, aconteça o que acontecer. Em meio à incrível atividade mental envolvida com as provações e as atribuições do mundo, o Chakra Causal é uma fonte de calma e conforto constantes. À medida que se desenvolve, ele tem a capacidade de nos manter conectados à presença da alma, mesmo no meio do ruído e da confusão da vida. Assim que o Chakra Causal for ativado e sua frequência se estabilizar, a mente manterá um compromisso firme com a presença divina e uma integração apropriada da luz da Estrela da Alma estará assegurada. Com consciência perfeita da fonte universal, mesmo em meio a qualquer atividade da mente, alcança-se o significado espiritual dessa passagem sempre mutável do tempo na dimensão espacial.

Mas como é possível que essa energia estelar semeada nos níveis causais da mente se torne parte integrante das forças naturais que existem no plano terrestre? Como a energia cósmica pode ser estabilizada de modo que a integridade absoluta seja mantida em sua manifestação material? O caminho, os meios e a chave estão na ativação simultânea da Estrela da Terra.

A Estrela da Terra

A Estrela da Terra está localizada aproximadamente quinze centímetros abaixo da sola dos pés. Entre o Chakra Causal e a Estrela da Terra ficam os oito chakras que já examinamos antes. Correspondem ao ponto da

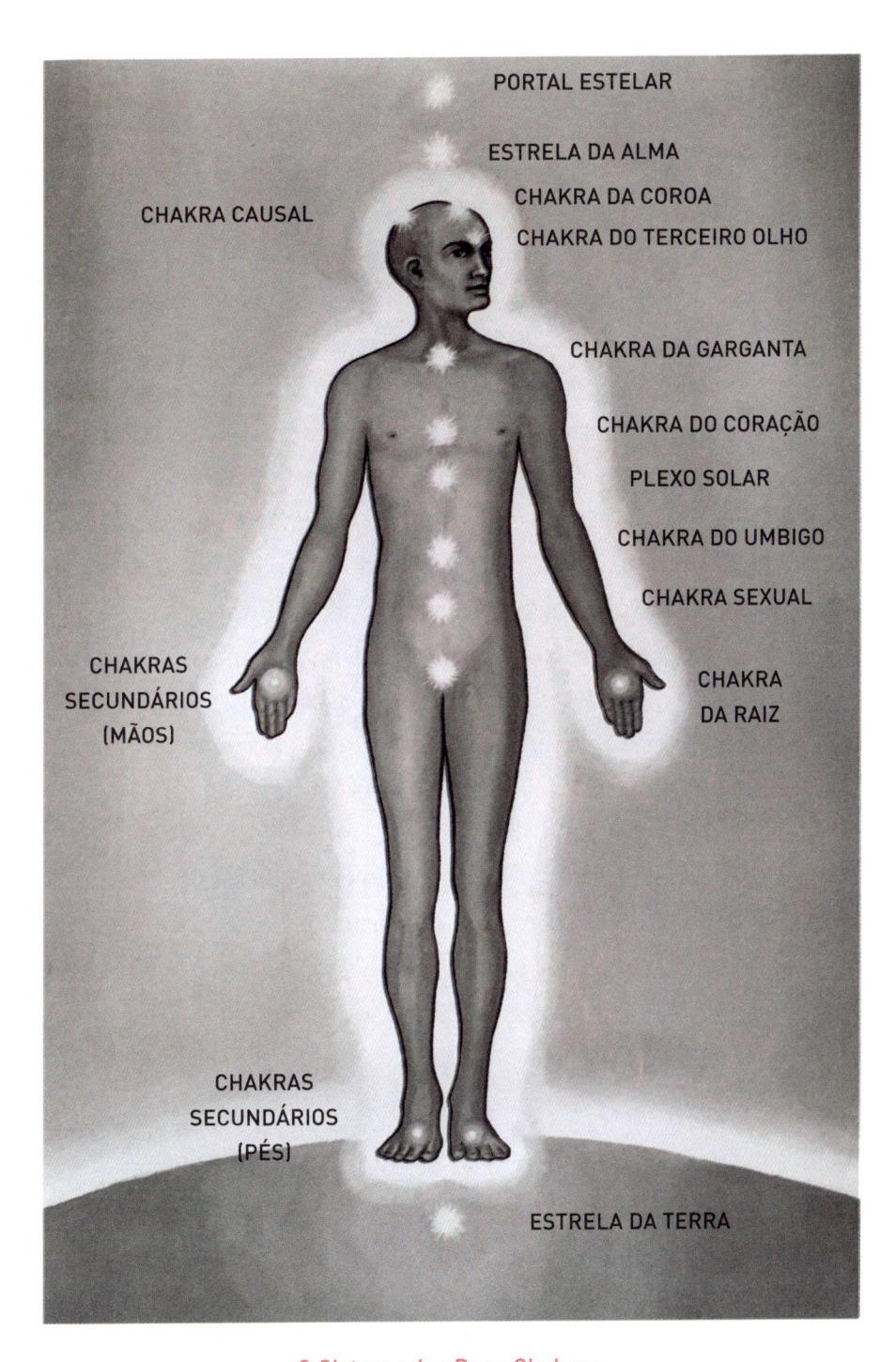

O Sistema dos Doze Chakras.

Estrela da Terra centros de energia presentes na sola dos pés. Os dois chakras da planta dos pés e a Estrela da Terra formam um triângulo com a ponta virada para baixo, que canaliza a Essência Divina não só através do corpo físico, mas também para as próprias raízes do relacionamento de um ser humano de luz com a Terra. A recriação da matéria depende desses raios estelares, que se infiltram na própria substância que compõe a Terra.

Ao ativar a Estrela da Terra, a própria natureza da materialidade se torna alinhada e sintonizada com a força produtora de vida da própria criação. Quando as pessoas puderem andar nesta Terra e vibrar essa frequência, as Transmissões Cristalinas se tornarão uma realidade, a prova viva do perfeito autocontrole. Quando está plenamente ativada e sintonizada com os três chakras transpessoais superiores, a Estrela da Terra tece os cordões brancos dourados do Divino Impessoal no e através do reino do que é humanamente pessoal, criando um modelo de existência mundana. Esse é o papel que todos podemos representar, contribuindo para a espiritualização da nossa Terra.

O plano físico é regido pelas leis da polaridade. A Estrela da Terra é o ponto de polaridade vital por meio do qual a consciência divina do Portal Estelar, da Estrela da Alma e do Chakra Causal atinge plena expressão. Na ativação consciente dos três chakras superiores, é necessário simultaneamente despertar a Estrela da Terra. Na verdade, só é possível estimular a Estrela da Terra com os raios cósmicos que emanam dos chakras transpessoais. Da mesma forma, a consciência associada com os centros superiores de energia anseia por encontrar a plenitude última na colheita das sementes anímicas enraizadas nos elementos da matéria. O equilíbrio e a harmonia criados entre os chakras transpessoais acima do alto da cabeça e a Estrela da Terra, sob a sola dos pés, estabilizam a polaridade adequada por meio da qual a presença sagrada da força eterna pode se elevar e renovar a Terra.

Permitam-me usar o exemplo das pirâmides para continuar a minha explicação. As pirâmides do Egito são estruturas construídas pelos antigos (já mencionados); eles tinham a consciência do transpessoal no interior de sua estrutura cerebral craniana. As pirâmides são formas geométricas perfeitas por meio das quais as emanações cósmicas foram literalmente canalizadas para a substância material da Terra. O eixo da Terra desviou-se ligeiramente desde que as pirâmides foram construídas, e elas não estão mais em alinhamento direto com as emanações dos sistemas da estrela com a qual originalmente estavam muito bem sintonizadas. Mesmo assim, elas permanecem até hoje como uma manifestação do potencial das formas físicas como transmissoras de energias cósmicas para a Terra.

O que mais desperta a atenção no estudo experimental das pirâmides do Egito é o fato de todas elas conterem câmaras ou no nível do solo ou sob ele. É como se os seus construtores soubessem que, para canalizarem frequências cósmicas para a Terra, precisariam criar compartimentos sob ou perto do nível do solo capazes de receber e substanciar as transmissões estelares. Trata-se de um engano comum imaginar que as pirâmides foram usadas como túmulos. Em vez disso, as câmaras interiores foram usadas como santuários de iniciação, onde a força anímica dos iniciados transcenderia conscientemente o plano físico ou, no caso das câmaras inferiores, fundamentava sua essência nas raízes da Terra.

Tanto a Pirâmide Escalonada como a Pirâmide de Unas em Saqqara exibem câmaras subterrâneas. A Pirâmide Vermelha em Dahshur tem duas câmaras internas no nível do solo. Duas câmaras internas sob a superfície da terra e uma no nível do solo foram descobertas na Pirâmide Curvada, de Sneferu. As ruínas da Pirâmide de Meidum têm apenas uma câmara no nível do solo. A mais conhecida de todas as pirâmides é a Grande Pirâmide de Quéops, em Gizé. Ela é a única pirâmide do Egito em que foram descobertas câmaras acima do nível do solo. É famosa devido às câmaras do rei e da rainha, e não é tão bem conhecida por sua

Câmara Subterrânea, que fica diretamente a 180 metros do ápice da pirâmide. Logo depois da Grande Pirâmide fica a majestosa Pirâmide de Quéfren, na qual se encontrou uma câmara subterrânea. Fato bastante interessante: também ali existe uma câmara no nível do solo, em alinhamento direto com o ápice da pirâmide. A menor das três pirâmides de Gizé é a Pirâmide de Miquerinos, que abriga três câmaras subterrâneas. Até agora, os arqueólogos e egiptólogos ainda não foram capazes de descobrir por que todas as pirâmides (com exceção da Grande Pirâmide) têm somente compartimentos no nível do solo ou abaixo dele. Perdoem-me por explicar meus pensamentos e a minha teoria sobre o assunto.

Os antigos sábios estavam obviamente envolvidos na potencialização da Terra com substância espiritualizada canalizada através das estruturas geométricas perfeitas das pirâmides. Eles sabiam que, para atualizarem a energia cósmica nas raízes da Terra, as câmaras tinham de ficar na superfície do solo ou sob ele. Uma tecnologia avançada, a maior que o mundo já viu até agora, era usada para canalizar frequências estelares através das pirâmides, ligando a trama cósmica com a substância material do planeta. Essa tecnologia se perdeu à medida que a Terra entrou em seu ciclo natural de crescimento e os chakras transpessoais adormeceram.

O sensacional é que, agora, seres humanos de luz são capazes de usar seus próprios veículos para alcançarem o mesmo objetivo! A ativação simultânea dos três chakras transpessoais com a Estrela da Terra é a chave para que as forças cósmicas se unam aos seres conscientes da Terra. Somos capazes de nos alinhar com os raios estelares e de alicerçar a nossa essência através da Estrela da Terra, tal como as câmaras subterrâneas e ao nível do solo das pirâmides. Se objetos inanimados podem realizar tal façanha, com toda certeza nós também podemos! Temos os meios e a forma, a escolha e a vontade, para conseguirmos realizar a maior conquista que este mundo já viu.

A integração do espírito na matéria depende do pleno funcionamento da Estrela da Terra. Quando todos os chakras estiverem harmoniosamente alinhados e integrados, será criada literalmente uma nova matéria. À medida que as frequências cósmicas se infiltrarem através de nós nas raízes da Terra, os átomos que compõem o plano físico vibrarão em uma oitava superior. Apenas estamos começando a imaginar o que isso significa exatamente e como talvez venha a se manifestar neste planeta. O importante é que é possível! Cada um de nós tem a oportunidade de recriar, não só o próprio ser, mas, por intermédio disso, a substância material da Terra. Essa é a essência das Transmissões Cristalinas!

O único obstáculo é o medo. Uma demasiada identificação com as leis e processos lineares da Terra criou na humanidade um medo profundamente arraigado do desconhecido, do sombrio e da eventual morte do corpo físico. Para que a Essência Divina seja firmemente plantada nas raízes da Terra, é imperativo que esses medos sejam eliminados. Por que outra razão os antigos também criaram a representação simbólica da Esfinge exatamente perto das maiores pirâmides do mundo? Talvez para nos mostrar mais tarde que é só através da elevação das nossas emoções inferiores e dos nossos instintos animais que a consciência divina pode ser alcançada. A esfinge simboliza a natureza animal do leão regido pela consciência superior do homem-Deus (ou da mulher, conforme o caso). Se isso foi possível há milhares de anos, é possível agora.

Na ativação da Estrela da Terra, fique preparado para passar por uma transmutação dos medos primais. Esteja pronto para sobrepor a consciência dos chakras superiores a essas tendências animais e através delas. Fique firme sobre a Terra, com a disposição de transformar o medo em conhecimento superior, e desapegue-se de tudo o que não seja a verdade última. Sinta-se fortalecido com o entendimento de que todas as coisas pertencentes ao mundo físico estão destinadas a mudar e a acabar, e que só a Essência Divina resiste ao teste do tempo e do espaço. Saiba que, na verdade, VOCÊ é essa essência. Afirme e reafirme a sua disposição de viver de acordo com os princípios da harmonia e do amor incondicional que regem o caminho divino. Deixe tudo o mais render-se a isso. Esteja preparado para viver (e, se necessário, para morrer) pelos valores espirituais e pela ética moral, que, no âmago do seu coração, você sabe serem verdadeiros. Logo, os temores primais serão dissolvidos, a Estrela da Terra poderá ser ativada e começará uma nova realidade.

Práticas específicas com as Meditações do Sol (p. 60), bem como a sintonia e o trabalho com a Hematita (Principais Pedras Energizantes, p. 117), podem ser extremamente úteis para o fortalecimento do ser humano de luz na preparação para a estimulação máxima do Chakra da Estrela da Terra.

Capítulo 3

INTEGRANDO A ESSÊNCIA CRISTALINA

Bem no íntimo de cada ser está a presença indefinível do divino. Essa força anima a criação com uma infinita variedade de formas e de criaturas. A maior conquista que os seres humanos podem alcançar é a identificação consciente com essa milagrosa Essência Cristalina, é "tornar-se" essa Essência Cristalina. A total ativação e a harmoniosa integração dos doze chakras é essencial, se se deseja que ocorra esse gigantesco passo na evolução. Naturalmente, isso exige tempo e esforço. Mas o que poderia talvez ser mais importante do que assegurar para nós mesmos a paz de espírito e um coração feliz? Dedicar um pouco de tempo e de devoção por dia a esse processo, com toda a certeza assegurará uma farta colheita.

Temos a bênção de ter acesso diário a uma incrível fonte de luz através do nosso Sol. Essas emanações podem ser conscientemente assimiladas e usadas para ativar a nossa Essência Cristalina interior. O despertar desses três chakras transpessoais depende da conversão dos raios estelares em energia anímica solar (*soular*) e de sua integração ao mecanismo humano. Nosso Sol converte automaticamente a energia cósmica em luz e pode ser o nosso grande mestre quando aprendemos a fazer o mesmo. As Transmissões Cristalinas tornam-se uma realidade quando aprendemos a sintetizar a luz; e que melhor fonte de luz temos do que a nossa própria estrela-mãe?

A glória do Sol

Por toda a história, a humanidade adorou o Sol. Milhares de anos antes do estabelecimento da religião organizada, homens e mulheres se curvavam em homenagem à energia produtora de vida que se irradia do Sol. A mais antiga capital conhecida do Egito foi a cidade sagrada de On, onde Aton – o Disco – era adorado como o deus-Sol Rá. A cidade foi posteriormente rebatizada pelos gregos e chamada de Heliópolis, que significa "a Cidade do Sol". Os sacerdotes e as sacerdotisas de On conheciam profundamente a sabedoria dos Antepassados (a que nos referimos antes) e devotavam sua vida ao Sol. Na Índia, certos hinos do *Rig-Veda* fazem uma clara referência ao deus-Sol védico chamado Surya. Um dos dogmas da religião hindu se fundamenta na rotação do Sistema Solar em torno do Grande Sol Central, com aquele grande ciclo de tempo dividido em quatro "yugas". No Peru, grandes discos solares de ouro eram feitos em honra ao Deus dos incas, "que vive para sempre no céu". As culturas antigas estudaram e praticaram a astronomia e a astrologia com grande eficácia. Observatórios astrológicos como o de Stonehenge, na Inglaterra, bem como os dos maias e dos incas dão testemunho até os nossos dias de que o movimento da luz tinha um grande significado para os nossos ancestrais. Rituais e cerimônias dedicados ao solstício e ao equinócio são tão antigos quanto a própria história. Praticamente, cada país da Antiguidade tinha um deus-Sol, e culturas e nações isoladas criaram, cada um por si, templos para exaltar e louvar a luz doadora de vida do Sol.

Por que se adorava tanto o Sol? O que sabiam os mestres da Antiguidade que há muito tempo esquecemos? Por que eles se sintonizavam com o Sol e que poderes obtinham ao fazê-lo? Naturalmente, com um pouco de raciocínio lógico é fácil compreender que, sem a luz e o calor do Sol, a Terra seria um planeta sem vida, e gelado. Entretanto, desde o século XX, a industrialização, o espírito comercial e a tecnologia computadorizada reinam supremos. Com o predomínio das religiões convencionais, a adoração do Sol praticamente deixou de existir. A maioria das pessoas do planeta vive na atmosfera poluída das grandes cidades, onde muitas vezes é difícil até mesmo ver o brilho do Sol. Durante a maior parte do tempo, tendemos a ter por certa essa presença constante em nossa vida. Sabemos que o Sol se levantará e se porá todos os dias, provendo a Terra e todas as coisas vivas com seus raios vivificadores. E por que não nos sentiríamos também inclinados a elevarmos nossos braços e a abrirmos a palma das mãos para glorificarmos o Sol? Que benefícios isso nos traria, qual seria a sua finalidade?

Há muito mais coisas a aprender. Na sociedade ocidental, regida pela realização material, pela velocidade geradora de tensão, é muitas vezes difícil constatar as verdades mais simples. Complicamos e compartimentamos nossa mente a tal ponto que as coisas puras e naturais da vida com frequência passam despercebidas. O Sol é o maior de nossos mestres. Ele não só é a fonte da luz e da vida para este planeta, como nos permite apreender a essência da espiritualidade por meio da observação da sua natureza.

O Sol é a fonte de nutrição para todas as coisas vivas desta Terra. Ele não tem preconceitos nem faz julgamentos tendenciosos ao derramar energia, luz e calor sobre todas as criaturas, grandes ou pequenas. Esse amor incondicional distribuído igualmente a todas as coisas representa a unidade e fraternidade de toda a vida. O homem não é superior às plantas, que voltam suas folhas para acompanhar o Sol, às rãs, que se aquecem aos seus raios quentes, nem ao peixe, que nada até a superfície da água para examinar o mundo da luz. Todas as coisas vivas deste planeta compartilham dessa fonte comum de alimentação vital. A única diferença está no fato de que a consciência humana é capaz de identificar-se com o Deus Impessoal, a essência de toda existência, personificada no Criador de toda vida que existe na nossa Terra, o Sol.

E há mais, o Sol é tanto luz espiritual como forma material, a mais pura manifestação da unidade entre o visível e o invisível, entre matéria e energia. O Sol é a energia cósmica deificada, tal como o são os cristais e, potencialmente, nós também. O verdadeiro culto ao Sol está fundamentado na sintonização não só com a luz, mas com a essência última de toda a existência: a força por trás da força, a energia impessoal do cosmos. O Sol é o corpo de luz da Terra, assim como nosso corpo de luz fica na região da Estrela da Alma, acima do alto da nossa cabeça. Há bilhões de sóis, assim como há bilhões de pessoas. Permanece o fato de que a força animadora por trás de tudo é a Presença Divina. A essência pode ser sintonizada e integrada com o nosso sistema de doze chakras por meio da prática da antiga adoração comum do Sol.

As Meditações do Sol

As Meditações do Sol foram originalmente uma prática reservada aos sacerdotes, às sacerdotisas e a iniciados selecionados. Trata-se de uma prática poderosa, que deve ser executada somente por aqueles que estão participando conscientemente das Transmissões Cristalinas. A razão para isso é que essas meditações ativam os três chakras superiores e estabelecem essa energia na Estrela da Terra, devendo esse processo ser executado com total consciência. É recomendável começar com uma meditação a cada sete dias e, gradativamente, aumentar a frequência à medida que se integram essas energias ao longo da semana. Pratico as Meditações do Sol há mais de dois anos e só sou capaz de fazê-las três ou quatro vezes por semana, no máximo. Entre as meditações, demore o tempo que precisar até que sinta dentro do coração a vontade de se relacionar outra vez de modo direto com a alma do Sol. Aumente a frequência das meditações de acordo com a sua capacidade de sintetizar a luz harmoniosamente em todo o seu sistema de chakras.

As Meditações do Sol devem ser praticadas apenas da seguinte maneira. Quinze minutos antes do nascer ou do pôr do sol, firme os pés no chão de frente para o Sol (de preferência descalço). Essa é de fato uma hora mágica, em que os raios de luz se inclinam criando cores magníficas, que podem ser assimiladas pelo campo áurico. Respire longa e profundamente, primeiro com os olhos fechados. Comece concentrando toda a sua atenção na Estrela da Terra, quinze centímetros abaixo da sola dos pés. (Se quiser, pode colocar Hematita na sola dos pés para apoiar a ativação da Estrela da Terra.) À medida que inspirar profundamente, extraia energia da terra, passando-a para os pés e fazendo-a subir pela parte posterior das pernas, a fim de chegar à base da espinha. Continue a inspirar e sinta a energia subir pela espinha, passar pelo topo da cabeça e sair para o Portal Estelar. Retenha o fôlego por um momento no Chakra Estelar e então comece a expirar lentamente à medida que a energia é canalizada de volta para a cabeça, descendo pelo centro da parte da frente do corpo, pelas pernas e pés, com o objetivo de convergir outra vez na Estrela da Terra. Visualize a energia movendo-se em raios dourados através do sistema de chakras, enquanto os raios dourados do Grande Sol Central são introduzidos em cada fibra do seu ser. Continue a respirar dessa forma circular de oito a dez minutos, enquanto as frequências da Estrela da Terra estabelecem uma relação profunda com os chakras transpessoais.

Enquanto respira, eleve os braços formando um ângulo de sessenta graus com a palma das mãos voltadas para o Sol. Tente manter os braços firmes e permita que a energia solar entre pela palma das mãos e seja canalizada através dos braços para o Chakra do Coração. Os centros energéticos da palma das mãos são estimulados dessa maneira, aumentando o poder de cura que pode ser transmitido através delas. Só passe à próxima parte da meditação quando o ciclo da respiração estiver bem estabelecido. Até então, continue a respirar com os olhos fechados e com os braços voltados para o céu até exatamente depois que o Sol se puser ou nascer. Então, abra os olhos, abaixe os braços e permita que a sua aura absorva os raios luminosos, enquanto você aprecia a beleza da aurora ou do crepúsculo.

Quando o ciclo da respiração tiver sido estabelecido, os olhos podem ser abertos e o olhar focalizado diretamente no centro do Sol. NÃO OLHE diretamente para o Sol no período de três a cinco minutos antes do seu ocaso ou depois do seu nascimento. Isso pode prejudicar seriamente os olhos. Durante os poucos minutos antes de o Sol de fato se pôr, ou depois que ele se elevou no horizonte, pode-se olhar diretamente para ele e receber as transmissões estelares-solares. Se o Sol estiver nascendo ou se pondo acima das montanhas, é provável que esteja a tal altura no céu que se pode olhar diretamente para ele com segurança. Se você achar que isso força os olhos ou provoca outros incômodos, feche-os e espere um minuto ou dois antes de tentar outra vez. No início, pode acontecer de você conseguir olhar diretamente para o Sol apenas por um minuto antes dele se pôr ou depois de nascer. Gradativamente, aumente sua resistência, mas nunca exceda os cinco minutos de contato máximo dos olhos com o Sol.

À medida que essa potente conexão tântrica é feita com o Sol, continue a fazer a respiração circular pelo corpo enquanto a Estrela da Terra e o Portal Estelar se polarizam mutuamente. Quando esses dois centros energéticos se alinharem, os demais chakras farão os ajustes necessários para se harmonizarem entre esses dois polos. Com os olhos focalizados no centro do disco de fogo, podem ser antecipadas algumas alterações da consciência. Primeiro, a rotação da Terra e sua íntima associação com o Sol podem ser sentidas. Então, se se mantiver o foco concentrado, é feito um alinhamento com o Sol por trás do nosso Sol e se estabelece uma relação pessoal com o Grande Sol Central. Se se manтiver o silêncio interior, é possível que a consciência viaje através do Sol, chegue ao Grande Sol Central e forme unidade com a essência de tudo o que existe.

À medida que o Sol se põe no horizonte, continue a fazer circularem as energias formadoras da Estrela da Terra, enquanto você acompanha a volta da sua consciência ao corpo físico. Durante toda a meditação, especialmente ao vivenciar a viagem solar, mantenha a ciclo da respiração e, se for preciso, torne a concentrar a atenção na Estrela da Terra depois de completá-lo, com o objetivo de assegurar um retorno apropriado. Para encerrar essa meditação, junte a palma das mãos no centro do peito e testemunhe a glória da criação enquanto se alimenta com a estonteante beleza da colorida luz do céu.

As Meditações do Sol só podem ser praticadas todos os dias quando ocorrer a total integração da energia estelar-solar e você sentir que sua essência espiritual está sendo instalada e expressa em todos os aspectos da sua vida cotidiana. Enquanto isso não ocorre, os exercícios de respiração podem ser executados individualmente em uma base regular a fim de se manter o sistema de chakras limpo e integrado.

O Sol é um portal de luz, uma abertura no universo para as outras dimensões, para esferas galácticas maiores. As Meditações do Sol são um modo de integrar a Essência Divina ao nosso ser. Quando a consciência humana se relaciona com a alma do Sol, com o corpo luminoso da nossa Terra, com o Grande Sol Central que alimenta a nossa minúscula estrela e com a força cósmica que transcende tudo isso, a Essência Cristalina é sentida e se põe a brilhar.

A transmissão

Duas coisas acontecem quando a alma do Sol é reconhecida e assimilada. Primeiro, nossos chakras superiores são ativados. Contudo, à medida que isso acontece, somos literalmente capazes de canalizar esses raios cósmicos através do nosso corpo e para a Terra. Conforme nosso corpo de luz é integrado ao nosso corpo físico, o corpo luminoso da Terra, que é o Sol, é inextricavelmente unido à substância material do mundo. A chave é a seguinte: essa união acontece por nosso intermédio, através das formas de vida da superfície da Terra que tenham capacidade de vivenciar a unidade. As manifestações que ocorrem em nossa Terra resultam da nossa consciência coletiva. Se um número suficiente de pessoas transmitir a presença divina através do seu ser, a transmutação e a transformação ocorrerão em uma escala global. Depende de nós, os únicos seres que podem se relacionar nesses níveis, nos comprometermos com essa realidade e a tornarmos prioritária. Se fizermos isso, os outros sentirão a mudança e, de modos sutis ou visíveis, serão afetados pelas Transmissões Cristalinas.

Nossa Essência Cristalina ativada criará uma aura que transmite paz e harmonia. Essa frequência emanará de nós onde quer que estejamos e em todas as variadas circunstâncias e situações com que temos de lidar na vida. Ela modificará a natureza do modo como nos relacionamos com todas as pessoas com as quais interagimos, à medida que as auras se fundirem e essa frequência cósmica for sutilmente intercambiada. Não importa se nós, ou as pessoas que nos cercam, temos ou não consciência do fato. Podemos estar exatamente enchendo o tanque do carro ou fazendo compras. O fato é que essa troca de energia está acontecendo e a luz está sendo transmitida por nós e passando para outra pessoa. Ou podemos optar por irradiar conscientemente esse amor, projetando-o para o bem de outra pessoa. Há algo de primordial importância de que devemos nos lembrar quando projetamos de maneira consciente essa energia. Não devemos definir a sua finalidade nem o seu resultado na vida dos outros. Só devemos enviá-la e deixar que a sabedoria divina faça com ela o que desejar. Em outras palavras, não nos cabe definir ou tentar controlar o modo pelo qual essa força milagrosa vai atuar na vida de outras pessoas. Apenas devemos enviá-la, relaxar e deixar tudo a cargo de Deus.

A verdadeira cura ocorre quando a Essência Divina é transmitida. Ela não se limitará apenas aos relacionamentos interpessoais, mesmo que a mudança comece por aí. Observe-a enquanto ela começa a transformar o mundo político e o dos negócios. Os eventos começarão a se alterar e a entrar em harmonia com a força que tudo permeia. Nesse processo, esteja também preparado para a grande mudança e mantenha-se fiel ao seu conhecimento interior. Não se comprometa com valores e princípios espirituais. Apoie-se na fé que, no santuário sagrado das mais recônditas profundezas do seu ser, você sabe ser verdadeira. De fato, pode demorar ainda cem anos antes que as Transmissões Cristalinas brotem em todos os assuntos do mundo. Pode até demorar muito mais. Essa é verdadeiramente a maior transição que a raça humana já conheceu, e você é parte vital dela. Plante agora as sementes que os filhos do futuro colherão. Mas que período fascinante para se viver! Tire o máximo proveito do fato de estar vivo! Quem sabe você não reaparecerá em um futuro não muito distante para participar da colheita das sementes cristalinas que está semeando agora!

Parte II

AS PRINCIPAIS PEDRAS ENERGIZANTES

Introdução às Principais Pedras Energizantes

As Principais Pedras Energizantes são a Selenita, a Cianita, a Calcita e a Hematita, tendo cada uma delas uma função significativa nas Transmissões Cristalinas. Não é por acaso que essas pedras estão sendo ativadas nesta época em que nós, como raça, entramos na mais estimulante e gratificante fase do nosso processo de crescimento evolutivo. Essas Principais Pedras Energizantes são os instrumentos necessários para nos ajudar a estabelecer nosso corpo luminoso no nosso corpo físico e para transformar as possibilidades de paz e harmonia em realidades concretas. Com a sua ajuda, o processo de permear luz à Terra é acelerado, e a disseminação do espírito na matéria passa por um avanço. Trabalhar com as energias transmitidas através dessas pedras faz os véus da nossa consciência serem erguidos, as frequências atômicas, elevadas, os códigos genéticos, alterados, e a conexão consciente com a nossa fonte, estabilizada.

Cada uma das entidades cristalinas discutidas nesta parte está totalmente equipada e preparada para propagar e transmitir certo conhecimento pertinente e energias para o nosso ser. Juntas, elas trabalham como uma equipe muito forte para integrar plenamente a infinita força do espírito a cada aspecto da nossa mente, do nosso coração, do nosso corpo e da nossa alma. A Selenita está no comando, ativando o corpo luminoso através da Estrela da Alma, acima do alto da cabeça. Em seguida, a Cianita assume o comando para impulsionar essa energia até os níveis mais elevados da mente, onde é usada na criação consciente do pensamento. A Calcita integra e funde a luz clara da Selenita com todos os outros aspectos da personalidade, já que serve de ponte entre a essência do novo e a colheita de um passado repleto de lições. A Hematita, com seu brilho, estabelece a força luminosa na sola dos nossos pés com tal graça e energia que nos curvamos em reverência e em gratidão pelas bênçãos advindas da encarnação física. Ao fazermos isso, a Estrela da Terra, abaixo da sola dos pés, será ativada, e tudo o que é possível no reino do espírito também será visto e vivido na Terra.

Para ajudar nesse processo, um esquema de disposição dos cristais e das pedras é apresentado no final desta parte do livro, depois da descrição completa de cada pedra. Entretanto, esteja consciente de que podem ser necessários anos de preparação antes de o Esquema da Iniciação Avançada com as Principais Pedras Energizantes poder ser executado com êxito. Esse esquema não pode ser feito levianamente sem o preparo adequado e a orientação ou a ajuda de um praticante treinado na cura através dos cristais. Enquanto isso, a sintonização, a meditação e o trabalho com essas pedras servirão para abrir os canais e limpar o caminho para que as Transmissões Cristalinas sejam uma realidade cada vez maior na sua vida.

Tenho o prazer de apresentá-lo às Principais Pedras Energizantes, que foram aproveitadas na nossa transformação durante os anos 1990. Que época incrível estamos vivendo! É uma grande bênção e uma honra estarmos vivos enquanto a Terra faz a sua merecida passagem para a totalidade e a união. Você é um elemento vital dessa transição e está destinado a realizar um propósito muito especial nas mudanças que ainda estão acontecendo. Não subestime o poder do papel que você desempenha. À medida que você encontra mais paz em seu coração e integra a luz de sua Estrela da Alma com sua Estrela da Terra, este planeta receberá sua transmissão e será curado por ela. Que mais podemos fazer para alcançar a paz interior? As Principais Pedras Energizantes estão aqui para nos ajudar nesse processo, ativando, integrando, equilibrando e assentando. Que a sua experiência com elas seja tão transformadora quanto foi a minha!

Capítulo 4
A SELENITA

Antes de escrever este capítulo sobre a Selenita, procurei informações que me dessem indicações sobre a sua natureza. Encontrei apenas poucas referências diretas à Selenita e fiquei sabendo que ela integra a classe geral da Gipsita, da qual é uma variedade. Obviamente, muito do que havia para se saber sobre a Selenita ainda não havia sido publicado ou não era conhecido até então. Isso não constituiu surpresa para mim, visto que essa pedra é uma das formas cristalinas ativadas recentemente que só agora começa a se revelar. Quero compartilhar uma experiência pessoal com a Selenita que me ensinou mais do que qualquer informação escrita poderia ensinar.

Há algum tempo, recebi duas grandes caixas de cristal de Selenita que, em circunstâncias normais, teriam sido levadas pelos meus colaboradores à Crystal Academy [Academia do Cristal]. Em vez disso, foram apanhadas pelo meu sócio e trazidas diretamente ao escritório da minha casa, onde eu estava escrevendo este livro. Quando as desembrulhei, fiquei muito contente ao ver cristais de Selenita tão perfeitos. Imediatamente notei que dois dos cristais estavam arqueados e curvos.

Como estava justamente escrevendo sobre a Selenita, eu sabia que não se tratava de um acaso o fato de os cristais terem sido levados à minha casa para me ajudar a obter novas informações para o meu livro. No dia seguinte, enquanto limpava o altar das pedras e me preparava para a sintonização com a Selenita a fim de receber o seu conhecimento, senti-me animada como se algo de muito especial fosse acontecer. Atribuí essa animação ao fato de o "Mestre Selenita" estar se preparando para falar. Então voltei-me para os cristais que recebera para colocar alguns deles sobre o meu altar, formando uma estrutura de Selenitas ao meu redor. Quando os desembrulhei outra vez, fiquei surpresa com o fenômeno que testemunhei: em vez de apenas dois cristais de Selenita curvos, dos dezenove que havia, onze estavam curvos, em vez de retos. Alguns se curvavam bem diante dos meus olhos. Era óbvio que a Selenita estava tentando transmitir algo de muita importância.

Para mim ficou evidente, enquanto sentada, observando os cristais de Selenita mudarem de forma diante dos meus olhos, que esse cristal é dotado da capacidade especial de alterar a própria natureza da matéria física. Sim, eu sei que os céticos vão dizer: "Prove isso!". De que provas mais necessitamos, além do testemunho dos nossos próprios olhos e do reconhecimento que vem da essência do nosso ser? Talvez fosse isso o que a Selenita estivesse tentando dizer nesse caso: que o mundo da forma e da matéria é moldável, que o que percebemos como realidade material na verdade é capaz de se modificar e de se alterar. As leis que regem o plano físico são transmutáveis. Nós as aceitamos como absolutas, definíveis e tão racionais porque podem ser provadas pelo padrão linear do nosso raciocínio. Mas o que acontece com a nossa realidade quando vemos, entendemos e sabemos que essas leis são regidas por leis superiores? O que aconteceria se nos sintonizássemos com esse outro padrão de compreensão e resolvêssemos trabalhar com esses princípios de realidade?

Não é verdade "que as coisas são como acreditamos que são"? Não precisamos mais nos limitar às crenças de que o espírito não pode se mover livremente no mundo físico e de que, para ir para o céu, primeiro temos de morrer e abandonar o corpo. Não mais teremos de aceitar nada a não ser aquilo que provamos como real a partir do que sabemos interiormente. Essa é a afirmação feita pela Selenita e que ela demonstrou. Todas as coisas são possíveis aqui na Terra. A Selenita não só prova isso como também nos ensina a incorporarmos essas leis e princípios divinos do ser à nossa realidade terrena.

Na Idade do Ouro, da qual estamos nos aproximando rapidamente, a luz formará unidade com o mundo físico. A Selenita assemelha-se bastante a um precursor dessa era de iluminação, pois anuncia a chegada do casamento entre o espírito e a matéria. No momento, estamos limitados a reger a nossa realidade apenas com as leis materiais, que estão por demais ligadas à natureza ilusória do tempo e do espaço. Porém, à medida que a aurora da nova era se torna mais clara no horizonte, passaremos a entender as lições que a Selenita está transmitindo. Em essência, seremos capazes, nós mesmos, de integrar em nossa estrutura física a força de luz que o espírito sempre representou. Então, as leis da luz governarão os caminhos do mundo e a realidade se modificará, com o objetivo de incluir infinitas possibilidades enquanto habitamos um corpo físico.

Foi uma honra testemunhar e ver a Selenita transformar-se dessa maneira. Agora envio essa transmissão para você a fim de que, à medida que for lendo, você também possa receber essa incrível energia. Se tiver alguma Selenita, por que não a coloca perto de você enquanto lê estas linhas, de modo a poder sintonizar-se melhor com essa energia e participar pessoalmente dela? Não se surpreenda se ela se curvar e se contrair enquanto você estiver lendo, para lhe mostrar que está mais viva e consciente do que você jamais poderia imaginar!

A natureza da Selenita

Há pouco tempo foram descobertas novas minas de Selenita em algumas áreas dos Estados Unidos. O Sudoeste é um dos vórtices da Nova Era, em que nascerão as futuras comunidades, que está despertando. A Selenita está preparando o caminho ao estabelecer uma frequência de luz na Terra, onde novas sementes de consciência estão sendo plantadas para os tempos vindouros.

Como mencionei anteriormente, a Selenita é uma variedade da Gipsita, um mineral comum encontrado em rochas sedimentares. A Selenita é um dos primeiros minerais formados pela evaporação da água salgada em lagos ou nos mares isolados do oceano. Falando metaforicamente, podemos dizer que a Selenita é, na verdade, um raro e maravilhoso "sal da Terra". Como seres humanos, nosso corpo também contém grande quantidade de solução salina. Tendo nascido do mesmo oceano de vida que a Selenita, podemos pensar que, em algum nível primal, estamos ressoando com a essência desse cristal.

A Selenita se manifesta em cristais límpidos como gelo, estriados, bem-acabados e delicados. Pode terminar com formato de V, comumente conhecido como geminação, com uma configuração "rabo de peixe", ou um ponto único. Extremamente macia, ela é um cristal frágil, classificada como 2 na Escala de Mohs de dureza dos minerais. Uma de suas características distintivas é o fato de ela ser tão macia que pode ser arranhada com as unhas. Seja muito cuidadoso ao lidar com ela e esteja ciente de que, se estiver pensando ou agindo de maneira negativa, é provável que uma Selenita sensitiva se frature ou quebre. A maioria dos cristais de Selenita é estriado, o que significa que as longas linhas paralelas protuberantes que cruzam seu interior fortalecem, ativam e canalizam energia de elevada frequência através do corpo do cristal. A Selenita é como luz líquida; suas estrias são os caminhos para a substância iluminada do espírito.

A Selenita fica no âmbito limítrofe entre a pura luz branca e a matéria física. Ela vibra mais no nível espiritual do que no físico. Essa é uma das razões por que a Selenita pode se curvar, encolher, tornar-se vermelha e voltar ao estado normal diante dos nossos olhos. Capaz de exibir uma transparência absoluta, a essência da Selenita é a matéria dos sonhos e das visões. Ao contrário do mais claro dos Quartzos, que pode atuar em todos os níveis da materialidade, a Selenita constrói a ponte pela qual as frequências de luz mais elevadas podem ser integradas aos níveis mais sutis da forma. Transmutar a pura luz branca para manifestá-la no plano terrestre é o forte da Selenita. Cabe então à Cianita, à Calcita, à Hematita, bem como a muitas outras entidades cristalinas, continuar a canalizar essa energia para outras facetas da expressão humana e adensá-la.

Em termos químicos, a Selenita é sulfato de cálcio hidratado. A palavra "hidratado" significa que a Selenita é aglutinada pela água, um componente primário de sua composição. O fato de a Selenita ser tão intimamente associada com a água nos dá uma valiosa indicação quanto à sua natureza e finalidade. Se nos referimos às emoções como o elemento aquático, podemos deduzir que a Selenita exerce um efeito direto sobre o corpo emocional. Mas, ao contrário das pedras que acalmam e suavizam as emoções, como a Smithsonita (ver p. 265) e a Aventurina Verde (ver *As Propriedades Curativas dos Cristais e das Pedras Preciosas*, pp. 331-32), a Selenita serve à finalidade única de ativar o aspecto da nossa natureza que é o verdadeiro "sentimento espiritual". Bolhas de água muitas vezes são encontradas nos bastões de Selenita. Esses cristais são particularmente eficazes na estabilização do corpo emocional e no controle tranquilizante de emoções erráticas. A Selenita é solúvel em água, o que significa que ocasionalmente se dissolverá se for deixada em líquido. Essa característica também dá à Selenita o poder de dissolver emoções exageradas com a força de luz estabilizadora do verdadeiro sentimento.

Da fonte ao sentimento

Todos estamos familiarizados com o pêndulo humano da emoção, que vai da tristeza à alegria, do luto ao alívio, da raiva à satisfação e da depressão ao entusiasmo. Em geral, essas emoções são sentidas em algum grau no dia a dia, enquanto reagimos às condições que a vida no mundo da matéria nos apresenta. No entanto, existe uma oitava superior da nossa natureza sentimental que na maioria dos seres humanos ainda não está inteiramente madura. Esse nível elevado de sensação se manifesta quando a alma exala a sua essência em nosso coração. Trata-se da mesma vibração que acompanha todas as experiências espirituais, revelações, intuições e estados de amor incondicional e de paz de espírito. Mas, com demasiada frequência, essas experiências são muito curtas e se tornam um mero eco na lembrança do nosso coração quando o pêndulo emocional nos faz sair do equilíbrio e voltar ao carrossel do mundo. A Selenita entrou em cena e com ela veio um novo conjunto de leis que, quando aplicadas, têm o potencial de nos ajudar a retirar a nossa demasiada identificação com as emoções e a transferi-la para as características superiores da nossa natureza sensível espiritual. Devido às suas estrias, a Selenita tem a capacidade ímpar de transmitir a essência do sentimento espiritualizado da oitava superior ao reino da emoção humana. Quando ela faz isso de modo aparentemente descontrolado, a energia emocional é transformada de maneira alquímica, à medida que ocorre uma sintonização com o coração crístico de cada ser.

Tente segurar um bastão estriado de Selenita (de preferência um que contenha bolhas de água), acariciando-o gentilmente da próxima vez em que sentir suas emoções assumirem o controle. Respire longa e profundamente quando inalar a energia da Selenita e expire tudo o que se refira à emoção que tenta controlá-lo. Continue até sentir-se alinhado com a força, a estabilidade e as sensações espiritualizadas que a Selenita transmite. Essa meditação pode ser praticada diariamente, mesmo quando as emoções não estiverem descontroladas, para redefinirmos a nossa associação com os nossos verdadeiros sentimentos e como uma proteção contra os excessos emocionais. Desse modo, a Selenita nos ajuda a desenvolvermos a frágil essência feminina do "sentimento espiritual", para que possamos reagir continuamente ao chamado do nosso coração, em vez de reagirmos à transitoriedade do mundo.

Ativando a Estrela da Alma

A Selenita é o cristal que pode ser usado para ativar a Estrela da Alma (ver Capítulo 2, p. 43). A Estrela da Alma é o centro energético localizado quinze centímetros acima do alto da cabeça. É através dele que uma pessoa pode estabelecer contato com a fonte infinita da energia onipresente que existe no Portal Estelar. A Estrela da Alma fica fora do corpo físico e, portanto, não está presa às leis que dominam o reino material. Assim que a Selenita ativa a Estrela da Alma, torna-se possível que o corpo de luz permeie a aura, de modo que essa essência espiritualizada seja assimilada pelo Chakra da Coroa. Esse é um passo importante e necessário das Transmissões Cristalinas, pois prepara todo o sistema de chakras para disseminar o influxo de luz no espectro do arco-íris.

O corpo de luz é comparado com o sol, cujos raios mantêm toda a vida neste planeta. Do mesmo modo, a luz do espírito mantém o seu ser e lhe dá a inspiração que alimenta sua fé e a força para continuar no caminho da vida. Por um momento, imagine como seria se você não perdesse mais de vista a sua identidade espiritual, se ficasse alinhado para sempre, sintonizado e unido com a sua fonte infinita! Essa possibilidade existe agora que a Selenita revelou seus segredos e resolveu o mistério de como refletir a luz e ajustar a forma física. A Selenita transmite os ensinamentos da iluminação de modo que o seu espírito possa encontrar em seu corpo um lar acolhedor.

Com uso adequado e preparo pessoal, a Selenita pode nos ajudar a criar uma estrutura de vida inteiramente nova aqui na Terra. Ao elevar a frequência da matéria física e, ao mesmo tempo, diminuir a frequência da luz, a Selenita sabe como formar delicadamente uma nova substância por meio da qual o espírito pode ser atualizado na matéria. Quando isso ocorre, são criados novos circuitos e sinapses, possibilitando que o corpo de luz habite plenamente os níveis mais densos do ser. O fortalecimento e transformação dos sistemas nervoso e endócrino pelas transmissões de luz da Selenita é só uma questão de tempo. No final, o sangue transmitirá a cada célula viva do corpo humano a mensagem do "novo modo de ser". Quando esse revolucionário avanço humano se realizar, a bênção dos reinos espirituais descerá para operar milagres na sua vida e na Terra.

Cuidados imprescindíveis

O uso da Selenita na iniciação com as Principais Pedras Energizantes (p. 73) *não* deve ser subestimado ou considerado de maneira leviana. Muitas mudanças sutis e profundas ocorrem em todos os níveis de todo ser que passa por esse tipo de iniciação luminosa. É preciso que nos dediquemos aos caminhos do Espírito e nos preparemos para processar os efeitos da transfusão de luz da Selenita. Toda pessoa que ouvir o chamado, que souber, nas profundezas do seu ser, que de fato é tempo de se tornar Um com tudo o que ela pode ser potencialmente, não poderá recusar tal oportunidade. O Esquema das Principais Pedras Energizantes (veja adiante) dará ao participante os modos e meios de usar a Selenita em sua mais alta potência. *Tenha a certeza de que está preparado, familiarizando-se antes com a frequência da Selenita em suas meditações particulares, fazendo curas com cristais e praticando os exercícios de respiração antes de empreender essa experiência transformadora.*

É de vital importância que a Estrela da Terra (ver p. 43), localizada quinze centímetros abaixo da sola dos pés, seja ativada antes que a Estrela da Alma esteja muito estimulada. A Estrela da Alma e a Estrela da Terra são como almas gêmeas, intimamente ligadas uma à outra, e que precisam uma da outra para alcançarem a perfeição e a plenitude. Se a Selenita for usada acima do alto da cabeça para energizar a Estrela da Alma antes que a polaridade inferior da Estrela da Terra tenha sido assentada, poderá haver grandes prejuízos.

Sei que há muitos de vocês que prefeririam tornar-se Um com a luz da Estrela da Alma, e não se relacionar ou se identificar com as dores terrenas ou com a sua própria realidade física. Sei disso por experiência própria. Também sei que apenas por meio do nosso compromisso de curar a Terra, essa imensa fonte de aprendizagem e crescimento, poderá este planeta tornar-se parte de uma esfera galáctica maior. Somente ao estabelecermos ligação com a própria substância da Terra e ativarmos a Estrela da Terra embaixo da sola dos nossos pés, poderemos levar a luz da Estrela da Alma às raízes do planeta. Ao fazê-lo, restauraremos a nossa própria saúde e a de nossa mãe, a Terra.

Quando os nossos pés estão firmemente plantados no solo, os alicerces podem suportar a transfusão de luz que é canalizada para eles da fonte infinita através da Estrela da Alma. Se, entretanto, não estamos fundados e não purificamos e curamos nossos próprios corpos mental e emocional, pode ser gerado dano físico, bem como etérico, já que a luz se difunde e se dispersa pelos vários sistemas de energia do corpo humano. Haverá uma grande tensão no sistema nervoso, e grave desorientação e dissociação podem ocorrer, bem como dores de cabeça, dores na parte inferior das costas, além de problemas de vista. Em resumo, pode ocorrer um retrocesso. É responsabilidade pessoal de cada um que trabalha com a Selenita, quer em si mesmo ou nos outros, ativar a Estrela da Terra e assentar simultaneamente a elevada frequência da força de luz da Selenita com pedras como a Turmalina Negra, o Quartzo Enfumaçado e, principalmente, a Hematita.

A missão da Selenita

Além de canalizar sentimento espiritual e de ativar a Estrela da Alma, a Selenita também pode ser usada de várias outras maneiras. Como escrevi antes em *As Propriedades Curativas dos Cristais e das Pedras Preciosas*, pp. 164-66, a transparência excepcional da Selenita pode ser usada para purificar a mente e levar raios de luz de alta frequência a qualquer ambiente. A Selenita é capaz de revelar os segredos místicos contidos nos raios de luz branca. As leis da luz, codificadas nas câmaras interiores dos cristais transparentes de Selenita, são acessíveis apenas aos que podem aquietar e purificar a própria mente. Nesse caso, a mente desanuviada pode empreender uma jornada mágica aos santuários interiores do cristal e perceber a sabedoria e o conhecimento neles registrados.

    A Selenita também pode ser empregada na transmissão de pensamentos. Primeiro, limpe a mente e, em seguida, pense com detalhes no que gostaria de transmitir a outra pessoa ou à mente coletiva. Depois, coloque a Selenita sobre o terceiro olho e projete o pensamento. Com os poderes inerentes da Selenita, o pensamento viaja mais depressa do que a velocidade da luz. Trata-se de um meio maravilhoso de transmitir formas positivas de pensamento à mente coletiva, a serem percebidas consciente ou subconscientemente pelos milhões de seres que buscam obter a integridade.

    A Selenita pode ser empregada em curas se for usada em combinação com certas pedras essenciais. A Turmalina Negra oferece um perfeito equilíbrio para a polaridade da Selenita transparente ou branca, já que ambas são estriadas e os raios de luz branca são facilmente canalizados e harmonizados pela presença escura essencial da Turmalina. A Hematita também é um acompanhante complementar e deve ser usada sobre o umbigo, o osso púbico, os pontos da virilha, ou os pés, quando se usa a Selenita acima do alto da cabeça ao se realizarem curas com cristais. Antes de usar a Selenita, assegure-se de que a pessoa com a qual você está trabalhando está pronta a interiorizar mais luz. Se for esse o caso, faça-a absorver a luz, através da linha central que corre ao longo da espinha, e dispensá-la através da sola dos pés a fim de ligar-se à terra (ver *As Propriedades Cristalinas dos Cristais e das Pedras Preciosas*, pp. 189-93). Como a maioria das pessoas que passa por curas pelos cristais, o processo, em geral, envolve o relaxamento, a purificação e o estabelecimento de uma conexão consciente com a sua fonte. Nesses casos, a Selenita habitualmente não é usada. Só quando se está conscientemente preparado para assimilar e integrar luz abundante é que a energia da Selenita deve ser empregada nas curas com cristais.

Como nos conecta com o corpo de luz, a Selenita pode ser usada, em condições corretas, para ajudar no processo da morte. É claro que se trata de uma grande responsabilidade, que deve ser acompanhada por uma orientação muito clara e praticada apenas com a participação consciente da pessoa moribunda. No processo, um bastão de Selenita com acabamento natural é colocado acima do alto da cabeça com a ponta virada para a Estrela da Alma. Faz-se absorção a partir dos pés e dispensação acima do topo da cabeça. Prende-se a respiração por um momento, mantendo-se a concentração na Estrela da Alma. Com a concentração na luz da Estrela da Alma e a identificação consciente com ela, é mais fácil para a pessoa libertar-se física e emocionalmente dos apegos que dificultam a transição da morte. Esse exercício não deve ser praticado por mais de onze minutos, três vezes por dia, e uma pessoa dedicada à cura com cristais tem de estar presente.

A Selenita pode ser usada no ponto do terceiro olho, com o objetivo de fazer a projeção astral, embora não seja aconselhável, exceto em situações em que se esteja desenvolvendo conscientemente os poderes superiores da mente para finalidades positivas. Mesmo assim, é muito importante ter um objetivo definido e não se lançar às regiões do mundo astral de qualquer maneira, correndo o risco de passar por situações indesejáveis. Coloque um cristal de Selenita no terceiro olho, com a extremidade voltada para fora. Inale à medida que visualiza a energia subindo pela espinha, para ser exalada pelo terceiro olho, ao mesmo tempo que sua consciência se dirige, através do cristal de Selenita, ao local escolhido. Aconselho extrema cautela nessas circunstâncias, bem como a ajuda de um especialista em cura com cristais, além do uso de uma grande quantidade de pedras essenciais de aterramento.

Ao completar essa parte e olhar para os cristais de Selenita à minha volta, não pude deixar de notar que agora não estão apenas curvos, mas ondulando. Sei que há muito mais por descobrir nesses puros mensageiros da luz. Mas, por enquanto, o que a Selenita parece estar transmitindo é que, se trabalharmos com as leis espirituais que exercem domínio sobre o plano físico, possibilidades ilimitadas se abrem. Quando a luz se curva, tal como na maravilha do nascimento ou do ocaso do sol, cores extravagantes e energia mágica podem ser vistas. Por minha própria experiência com a Selenita, sei que ela também tem o poder de flexionar a luz espiritual para ser integrada ao plano físico e infundida em nosso ser. À medida que o tempo passa e ficamos mais identificados com o nosso espírito, enquanto o nosso corpo de luz se integra melhor ao nosso corpo físico, a Selenita continua a nos ensinar o funcionamento da nova realidade.

Capítulo 5

A CIANITA

Chegou a hora de a Cianita reivindicar o lugar que lhe cabe por direito como uma das Principais Pedras Energizantes da próxima década. Ela esteve adormecida por milhares de anos, até que o relógio cósmico marcou o momento exato. Agora a Cianita despertou e seu poder está plenamente restabelecido. Ela é única em sua causa, e nenhuma outra entidade cristalina pode substituir o seu propósito específico ou desempenhar a sua função. A Cianita está destinada à grandeza e cumpre um papel especializado em nosso desenvolvimento humano desde os anos 1990.

Nossa própria evolução corre paralela à atual proeminência da Cianita. Por muitos milhares de anos, labutamos pelas eras de escuridão e de esquecimento. Durante vidas, parecíamos perdidos. Nesse sentido de abandono primal, os testes e as provas da humanidade foram terríveis. Buscamos, por bastante tempo e arduamente, o domínio sobre sentidos físicos, os corpos mental e emocional e a transitoriedade do mundo. Agora podemos colher da nossa experiência terrena e nos alinhar com a Essência Divina do nosso próprio ser. Tal como acontece com a Cianita, também estamos acordando para outro nível de sintonização, de Unidade. Como a Cianita, nós também podemos realizar um propósito bastante especializado em favor do nosso planeta e da raça de seres humanos que nele habita.

As características da Cianita

A Cianita é um mineral azul que se forma em longos cristais laminados. A cor com frequência é irregular, com ocasionais partes brancas, verdes, amarelas e cor-de-rosa. Como a Selenita, esses longos cristais chatos são estriados. Isso indica que as protuberantes linhas paralelas que cruzam o cristal amplificam e conduzem energias elétricas de alta frequência. (Veja "A Força Estriada" em *As Propriedades Curativas dos Cristais e das Pedras Preciosas*, pp. 322-23.) A energia especializada que a Cianita transmite através de suas estrias é a essência etérica sutil do pensamento.

A Cianita varia de 4 a 7.5, na Escala de Mohs de dureza dos minerais. O fato de ela demonstrar essa extrema variação de dureza oferece outra chave para descerrar o mistério de sua finalidade e uso. Ao traduzir a linguagem simbólica do cristal, verifica-se que a frequência da Cianita é capaz de variar, dos estados etéricos de expansão de consciência até níveis mais densos da mente, em que a intuição, a compreensão, a intelecção e o entendimento podem ocorrer. A Cianita, com a simetria de suas fibras, dirige e canaliza a Essência Divina para a substância etérica da mente e cria pensamentos capazes de manter a integridade primal da força espiritual. Essa Principal Pedra Energizante também permite à mente o acesso aos reinos do pensamento causal que, em última análise, determinam o que se manifesta no plano físico.

Devido à variação de dureza, a Cianita com frequência é frágil e pode quebrar-se com facilidade. Ou, em ocasiões mais raras, pode ser dura o bastante para cortar e facetar. Na qualidade de gema para a lapidação, a Cianita é uma maravilha, e contribui para coleção de pedras que curam. Em sua longa forma laminada, ela ainda se presta a outra finalidade importante, que discutiremos em breve.

Também é interessante notar que a Cianita está incluída no Sistema Triclínico, que tem a menor simetria de todos os sistemas de cristais geométricos. Nenhum dos eixos forma ângulo reto com outro. Decifrar o simbolismo da Cianita implica verificar que ela está menos relacionada com o plano físico do que muitos outros cristais ou pedras. Se associarmos a materialidade da terceira dimensão com um cubo, descobrimos que ele é composto unicamente de ângulos retos, dando forma à altura, largura e profundidade, ou seja, ao tempo e ao espaço. Com a Cianita, estamos trabalhando com outra série de leis, leis capazes de se conformarem às realidades cúbicas, mas de forma alguma submetidas a elas ou regidas por elas. A adaptabilidade de simetria dota a Cianita com o poder de transmitir frequências elevadas à caixa cúbica da mente, e, ao fazê-lo, transformar a mentalidade humana.

Da origem à cognição

O nível causal é o aspecto mais sutil e elevado do que definimos como "mente". É nesse reino que toda a frequência penetrante da força espiritual começa a se concretizar em formas de pensamento. A intenção e a finalidade da Cianita é ligar as linhas de energia do corpo de luz com o reino causal da mente etérica. Quando ela faz isso, o Chakra Causal é ativado e as leis da luz, que dão origem a ilimitadas possibilidades, podem ser concebidas e incorporadas em todas as nossas formas de raciocínio. Então, a Essência Divina é fortalecida para ajustar os padrões do pensamento, levando-os a acomodar formas de pensamento de frequências mais elevadas, sintonizadas com a Estrela da Alma e o Portal Estelar. Quando se estabelece o alinhamento com esses dois chakras superiores, mantém-se a integridade espiritual nos pensamentos recém-formados, que florescem em conceitos, crenças e ideologias avançados.

A mente é a matriz do que se manifesta na matéria. Ao estabelecermos e integrarmos o corpo de luz no plano mental com a Cianita, são criadas novas sinapses através das quais a luz da alma pode ficar sempre na mente. Com os pensamentos determinados pela energia espiritual que emana da Estrela da Alma e do Portal Estelar, os sonhos e as visões podem assumir forma física em nossa vida cotidiana. A Cianita ativa novos poderes de manifestação ao rejuvenescer os poderes superiores das mentes, adormecidos durante milhares de anos. Com o uso constante da Cianita, a visão do "jardim", que vinha sendo guardada na memória da alma, será recordada e ressuscitada. Os pensamentos obterão o poder de transportar nosso ser para onde quer que desejemos ir, sem barreiras, no espaço e no tempo. Tudo o que era possível nos dias em que os Antepassados viviam será provado e implementado em uma nova sociedade. E, o que é mais importante, cada alma terá constante acesso consciente à fonte que une toda a criação. Tendo isso como alicerce, uma harmonia e uma paz inconcebíveis podem prevalecer tanto interior como exteriormente.

A Cianita é a construtora de uma ponte muito importante, que une o corpo de luz com o físico, através da mente. A missão da Cianita será melhor cumprida se ela for usada em conjunto com a Selenita, para ativar o corpo de luz, e com a Turmalina Verde ou Negra, para transmitir a energia ao sistema nervoso físico. Com essa potente trindade de pedras estriadas são estabelecidos os elos necessários à canalização da pura força de luz espiritual (Selenita) para a mente (Cianita) e, em seguida, para o corpo físico (Turmalina). Essas três sinapses são necessárias se de fato queremos concretizar nosso potencial e usar as maravilhas do espírito em nossos pensamentos e em nossas criações materiais.

Exercícios com a Cianita

Há diversos modos de se usar essa Principal Pedra Energizante além do Esquema das Principais Pedras Energizantes e da Infusão de Cianita (p. 92).

Tal como com qualquer outra pedra energizante, sempre é aconselhável passar um tempo em tranquila meditação junto a ela a fim de obter-se uma sintonização pessoal antes de se começarem exercícios avançados, quer individuais ou em grupo. Coloque-a perto do coração, do terceiro olho e no centro do Chakra Causal ao fazer as meditações. Torne-se receptivo a quaisquer impressões ou orientações que possa receber do cristal e que o ajudarão no trabalho futuro com ele. O cristal também pode acrescentar outros exercícios não acessíveis ao seu conhecimento, que continuarão a prepará-lo para a infusão plena de cianita e para o Esquema das Principais Pedras Energizantes.

A Cianita também serve a outra função especializada na abertura de linhas de energia na ativação inicial dos Cristais Guardiães da Terra (veja *As Propriedades Curativas dos Cristais e das Pedras Preciosas*, pp. 301-07). Em um desses eventos, na Igreja de San Marga, na Ilha de Kauai, onde um dos Guardiães da Terra foi guardado em um relicário, fui orientada a usar um bastão de Cianita. Segurando uma lâmina de Cianita afiada a cerca de sete centímetros de distância do enorme cristal, tracei auricamente todas as linhas e ângulos dos Guardiães da Terra. Ficou evidente que a Cianita estava catalisando as fases iniciais da ativação, ampliando a energia ao redor do Guardião da Terra, de modo que o poder inato do cristal fosse liberado. O bastão de Cianita aumentou o campo de força do Guardião da Terra para ampliar a transformação dos que se aproximassem dele. Esse processo, na fase inicial da ativação, preparou o Guardião da Terra para estágios intermediários de ativação. Esse tipo de procedimento com a Cianita também pode ser usado com outros cristais. Entretanto, antes de fazê-lo, entre em sintonia com o cristal e certifique-se de que ele quer ter as suas linhas de energia abertas e o seu campo de força ampliado.

Como os bastões de *laser*, as lâminas de Cianita, se afiadas e de extremidades pontudas, podem fazer incisões no campo áurico. Potencialmente, têm a capacidade de cortar as camadas dos equívocos mentais e criar novas linhas de energia através das quais pode fluir o pensamento puro. Se fortalecidas pelo usuário com intenção consciente, as lâminas de Cianita podem gerar uma matriz etérica, já que estabilizam a mente com substância espiritual.

Nas práticas avançadas de cura com cristais, as lâminas afiadas de cianita podem ser usadas para definir, delinear e abrir novos espaços etéricos. Ao realizar esse tipo de procedimento aprimorado, assegure-se de que a pessoa está preparada e pronta para abandonar formas de pensamento desnecessárias e sem utilidade e para incorporar uma perspectiva ampliada. Esse tipo de esquema também pode ser usado para esclarecer e definir visões ou sonhos proféticos. Para agir, siga os procedimentos terapêuticos recomendados em *As Propriedades Curativas dos Cristais e das Pedras Preciosas*, e disponha as pedras sobre o corpo como está descrito. Em seguida, coloque uma lâmina clara de Selenita vinte centímetros acima do alto da cabeça, com a ponta voltada para a coroa, e uma Turmalina Negra entre os pés, com a extremidade apontando para um triângulo formado por três grandes Hematitas quinze centímetros abaixo dos pés. Também é benéfico para esse esquema usar um bom número de peças verdes, verde-escuras ou negras de Turmalina dos pontos da virilha até as pernas. A Hematita também pode ser colocada nas mãos, bem como no umbigo e no centro do osso púbico. Assim que se estabelecer uma completa respiração profunda e se tiver interiorizado a concentração, coloque a lâmina de Cianita entre a Selenita e o Chakra da Coroa, com a ponta da Cianita tocando o ponto do Chakra Causal. Quando a Cianita estiver no lugar, trabalhe com a pessoa para receber, esclarecer e definir as impressões sutis que recebe. Naturalmente, a esse tipo avançado de cura com os cristais deve seguir-se um forte plano de manutenção, prática destinada a ajudar a integrar a energia e a estabilizar os padrões de onda cerebrais (veja "Manutenção: Responsabilidade Pessoal pelo Progresso da Cura", pp. 251-56, em *As Propriedades Curativas dos Cristais e das Pedras Preciosas*).

A Cianita é um dos mais eficazes cristais usados no processo de abertura e purificação dos caminhos de energia sutil do corpo. Preparada com um conhecimento completo de Acupressura ou Acupuntura, ela pode ser diretamente utilizada nos pontos meridianos para estimular o fluxo de energia do corpo. Ela pode ser usada por pessoas treinadas na cura com cristais para desobstruir os bloqueios de energia nos centros dos chakras ou em qualquer ponto ao longo da linha central. Seu melhor desempenho ocorre quando é empregada em conjunto com outros cristais e pedras desta categoria – Selenita, Hematita e Calcita. Combinada com uma prática constante dos exercícios respiratórios (ver p. 61) e com orientação adequada, a Cianita pode ser uma ajuda maravilhosa para se definirem e abrirem os novos circuitos de energia, na preparação das Transmissões Cristalinas.

A Cianita também é uma boa amiga para a nova safra de seres que estão encarnando agora na Terra. É boa também para as almas que buscam integrar realidades materiais às energias de frequências mais elevadas, que atualmente predominam em toda parte do planeta. Os membros desses grupos anímicos também podem carregar uma Cianita no bolso ou usá-la para facilitar a assimilação dos raios cósmicos em sua vida diária. Ela deve ser colocada perto de recém-nascidos para auxiliá-los no processo de formação. Também pode ser usada em conjunto com a Moldavita Tectita (ver p. 255) com o objetivo de ajudar a curar o desequilíbrio que pode acontecer no interior do cérebro das almas recém-encarnadas, em sua luta para se ajustarem a frequências inferiores das ondas cerebrais e para assimilarem a realidade material. Empregada na cura com Elestiais, com a Turmalina Verde e com a Moldavita Tectita, a Cianita apoia a criação de novas linhas de energia para ligar com a fonte de luz a mente dos que sofrem de epilepsia, de autismo, de sequelas do AVC e de outras formas de doenças associadas ao desequilíbrio mental/cerebral.

Por fim, essa pedra, que se presta a múltiplas finalidades, deve ser usada em toda a aura para estimular o campo eletromagnético enquanto ocorre um crescimento e uma transformação acelerados. Depois de uma cura com cristais, ou sempre que houver necessidade de um relaxamento, segure uma longa lâmina de Cianita no sentido vertical, passando-a pelo corpo a uns quinze centímetros de distância. Dando golpes longos e suaves com a lâmina, percorra todo o contorno áurico com a Cianita, do alto da cabeça aos dedos dos pés, até cobri-lo por completo. A pessoa pode estar deitada, mas a posição ereta é melhor, visto que permite que toda a aura seja coberta tanto pela frente, como por trás e pelos lados do corpo. Depois desse procedimento, peça para que faça algumas respirações longas e profundas a fim de consolidar e integrar seus efeitos.

A Infusão de Cianita

A Infusão de Cianita é executada com o Esquema das Principais Pedras Energizantes (apresentado no final desta parte). A finalidade da Cianita nessa iniciação é estimular a luz branca pura que existe na Estrela da Alma, canalizando-a para os níveis causais da mente. Através dos seus caminhos etéricos estriados de azul, a Cianita abre o portal de acesso ao Chakra Causal e inicia a mente na pura força espiritual. Quando este é ativado dessa maneira, são criadas novas formas de pensamento dotadas da Essência Divina. Tal como acontece com todas as coisas no reino da matéria, são necessários tempo e esforço para que estas novas ondas de pensamento se manifestem em uma nova perspectiva. A Cianita ainda deve ser usada em um intenso plano de manutenção, posterior ao uso desse esquema, para que a mente permaneça aberta às impressões divinas. A Cianita pode ser mantida no terceiro olho ou na palma da mão durante a meditação para assegurar o padrão mental destinado a manifestar-se de uma forma maravilhosa.

Deve-se estar conscientemente preparado e atento durante o processo de Infusão de Cianita. Esse potente processo terá um efeito direto sobre os canais de energia sutil do corpo, inclusive sobre os sistemas dos meridianos dos chakras, bem como sobre a mente. Antes de se executar esse avançado trabalho de cura pelos cristais, é de grande importância que a pessoa que está sendo atendida e o praticante estejam preparados e purificados nos níveis físico, mental e emocional. Isso é muito importante para que a mente, os canais da energia sutil e o sistema nervoso estejam preparados para receberem a energia acelerada que fluirá assim que o Chakra Causal for ativado (os requisitos preparatórios específicos estão no Capítulo 8). Quando a pessoa que está sendo atendida e o praticante estiverem devidamente preparados, pode-se executar a Infusão de Cianita e o Esquema da Iniciação Avançada com as Principais Pedras Energizantes. Essa infusão do espírito na mente transforma a natureza dos pensamentos de um modo que afeta a vida para sempre.

Capítulo

A CALCITA

6

A Calcita merece muito mais reconhecimento e atenção do que os que lhe dei ao escrever *As Propriedades Curativas dos Cristais e das Pedras Preciosas* (pp. 323-24 e 332-34). Como uma das Principais Pedras Energizantes, a Calcita pode ser uma amiga íntima e querida nestes tempos de mudanças aceleradas. Uma das mais importantes lições que a Calcita transmite é a "arte de ser". Se tentarem desvendar os segredos da Calcita apenas com a mente, não se poderá entender sua verdadeira importância. É necessário permitir que o seu "Ser" receba as impressões da Calcita e assimile espontaneamente a essência do seu ensinamento. O ensinamento que a Calcita tem a oferecer vai bem além da associação mental linear e alcança o âmbito do verdadeiro conhecimento. Meu conselho para a prática e sintonização com esse cristal é simplesmente "SER". Apenas se torne receptivo e aberto para receber as transmissões multidimensionais de luz e de conhecimento, que não podem deixar de alterar o modo como você percebe a realidade.

A Calcita se manifesta no raio de expressão do arco-íris, tal como a Turmalina e o Quartzo. Quando um mineral pode refletir uma variedade de frequências de cor, é evidente que o cristal também tem a capacidade de servir a muitas funções, pois sincroniza sua energia com as vibrações de cor dos diferentes chakras. Em geral, é mais comum encontrar Calcitas Rosa, Pêssego, Laranja, Verdes, Transparentes, Amarelas (Citrino) e Douradas (Mel), mas também há Calcitas Azuis, Pretas, Cinzas e Vermelhas (habitualmente resultado do crescimento com outros minerais). Ela se manifesta em vários graus de transparência e brilho, do visivelmente claro ao opaco.

Como a Selenita, a Calcita é formada na água. Demonstrando sua extrema versatilidade, ela se cristaliza em mais de 700 variedades de formas. Os dois tipos principais e mais conhecidos de Calcita são os cristais romboides e os terminados em ponta, comumente conhecidos como *Dogtooth* (Dentes de Cão). A Calcita é carbonato de cálcio e é um mineral muito macio e suscetível. Tem de ser tratado com muito cuidado. É sensível ao calor, à água e ao sol, e facilmente rachará, quebrará ou lascará se for manipulado com descuido. A Calcita tem muitas semelhanças com uma criança estelar/semente estelar recém-nascida, que está começando a aclimatar-se à Terra e precisa ser tratada com cuidado, sintonia e sensibilidade; caso contrário, é provável que se desmanche. Porém, se a Calcita for bem cuidada e se nos sintonizarmos com ela, muitos milagres podem acontecer!

Um modelo da perfeição harmônica

Se acidentalmente você deixar cair uma peça romboide de Calcita, todos os pedaços se apresentarão em formas romboides, ou seja, todos os fragmentos terão faces paralelas planas. Aceite a minha palavra: guarde a sua Calcita para finalidades maiores do que esse tipo de experimento! Em vez disso, observe um pedaço de Calcita que tenha sido lascado e preste atenção ao fragmento e/ou lugar onde foi lascado. Você descobrirá que o lugar e a lasca também têm forma romboide. Se um desses

AS PRINCIPAIS PEDRAS ENERGIZANTES

Centro: Espectro de cores das Calcitas Romboides.
Esquerda: Selenita e Cianita Azul.
Direita: Hematita.

cacos for quebrado, os novos pedaços ainda apresentarão a forma romboide original. Isso exemplifica significativamente que os cristais são feitos de minúsculos blocos básicos idênticos que, ao serem comprimidos, compõem o cristal físico completo percebido pelos sentidos. Em outras palavras, no nível atômico, os átomos se formam em microscópicas formas romboides. Esse formato geométrico primário continua a manifestar-se no belo cristal de Calcita que você pode segurar nas mãos. Essa unidade básica do padrão atômico da Calcita é repetida infinitamente no corpo do cristal, ensinando-nos uma das leis naturais do Universo: que um todo existe dentro de um todo, as menores unidades representando as maiores e formando os alicerces das grandes estruturas.

A Calcita demonstra com clareza a sincronicidade atômica com que todas as estruturas cristalinas altamente evoluídas se manifestam. É como se uma das finalidades da Calcita fosse provar aos nossos sentidos que há uma ordem profunda no Universo. Por manter de modo tão evidente a sua estrutura e simetria primais, a Calcita nos permite perceber uma verdade divina. Quando a força cósmica pura assume forma material – e, nesse caso, a forma geometricamente perfeita da Calcita –, é possível manter a integridade do equilíbrio da unidade e da harmonia em todos os diferentes níveis e reinos da manifestação.

A maciez natural da Calcita e a sua vulnerabilidade às rachaduras são outra lição simbólica. Isso demonstra o grau de desapego da Calcita com relação a toda forma física. É quase como se soubesse que, aconteça o que acontecer e seja qual for o seu tamanho, ela nada perde, porque sua integridade primal de força espiritual se mantém. A Calcita sem dúvida representa a realidade de "um todo existente dentro de um todo" e a perfeição multidimensional do Universo.

Unindo realidades paralelas

Na forma romboide, a Calcita exibe seis planos paralelos interligados uns aos outros. Cada um dos seis paralelogramos de quatro lados existe em seu plano único de realidade, embora esteja inextricavelmente ligado a quatro dos outros lados paralelos por ter um dos ângulos em comum com eles. A Calcita faz uma rara afirmação de ordem, na medida em que a integração harmônica de estruturas geométricas idênticas produz um único cristal.

Ao olharmos diretamente para um dos paralelogramos contidos na Calcita, vemos duas linhas paralelas horizontais, em cima e embaixo, unidas por duas linhas paralelas verticais. Quando nos permitimos apenas "SER", a mensagem óbvia das realidades paralelas pode ser impressa na nossa consciência, e todo um mundo de nova compreensão pode surgir. Cada linha representa uma realidade linear que existe individualmente, mas temos diante de nós a forma geométrica como um todo, que une intimamente as linhas entre si. Portanto, esses cristais de Calcita em forma romboide são os melhores instrumentos de que dispomos para nos ajudar a unir realidades paralelas.

A expressão "realidade paralela" pode ter diferentes significados. Há três maneiras principais pelas quais os cristais romboides da Calcita podem nos ensinar a unir realidades aparentemente separadas por inteiro.

Trazendo o espírito para a matéria

A utilidade mais comum da Calcita na união de realidades paralelas é criar uma ponte consciente de entendimento espiritual em circunstâncias ou situações desafiadoras aqui no plano terrestre. A Calcita ajuda muito a compreender por que certas circunstâncias da vida foram atraídas e quais são o significado espiritual e as lições, no nível da alma, dessas circunstâncias. Quando você não conseguir ver uma saída de um ciclo ou padrão, ou quando ficar tão imerso na realidade do plano físico que a sua consciência deixe de perceber o significado divino, use cristais de Calcita. Eles ajudarão a integrar a realidade espiritual em qualquer situação que você estiver enfrentando. Com esse discernimento, torna-se muito mais fácil aceitar a responsabilidade de aprender as verdadeiras lições presentes nas experiências da vida.

Trabalhar dessa maneira com cristais de Calcita permite que a mente perceba opções, possibilidades e soluções alternativas que, caso contrário, poderiam escapar da consciência. A capacidade inata da Calcita, de formar pontes harmônicas, ajuda a criar a compreensão de como a realidade espiritual está completamente entrelaçada com todas as manifestações do plano material. Ela não só estabelece uma ponte entre o físico e o espiritual, como de fato ajuda a fundi-los em uma só realidade ao dissolver a ilusão da separação.

Usar a Calcita para essa finalidade com uma meditação específica sem dúvida vale a pena. Segure uma peça de Calcita transparente no nível do rosto e deixe que sua vista se concentre no âmago do ponto central do cristal. Imagine que a linha paralela superior é a finalidade espiritual por trás de todos os eventos terrenos. Imagine a linha paralela da base como a realidade do plano físico que apresenta um desafio à sua vida. Pense que a impressão cristalina do paralelogramo servirá para ligar as duas realidades dentro do seu ser. Ao olhar fixamente para o centro do cristal, deixe que a paz de simplesmente "ser" o envolva. Seja sensível a quaisquer impressões, recebidas no coração ou na sua visão mental, que lhe deem discernimento para resolver a situação desagradável que enfrenta no momento. Segure o cristal com firmeza, concentrando-se por ao menos onze minutos (o número perfeito para colocar a percepção em um novo nível), enquanto a Calcita transmite uma perfeição paralela para a sua aura. Quando terminar, feche os olhos e sente-se em silêncio para integrar e assimilar a transmissão da Calcita.

Se for feito todos os dias com dedicação, esse tipo de meditação exercerá um profundo efeito sobre o seu entendimento. Também ajudará bastante a sua capacidade de fazer as mudanças, em suas atitudes, no seu comportamento e no seu estilo de vida, necessárias à incorporação de uma realidade maior. Ao praticar-se essa meditação, é importante não esperar uma iluminação e uma transformação completas na primeira vez. As mudanças podem ser sutis e pouco perceptíveis no início, mas com toda a certeza trarão maior ordem e unidade, pois a Calcita imprime sua essência em seu ser. Você pode achar que durante a própria meditação não sente nenhuma mudança particular, mas, depois, no mesmo dia, pode ter um lampejo de discernimento ou perceber que a sua compreensão aumentou, ou que se sente mais tranquilo. Como a Calcita une o espírito à matéria, e como cada indivíduo tem o seu lugar particular no desenvolvimento espiritual, essa meditação funcionará diferentemente para cada pessoa. O que sei é que funciona.

Uma janela para o passado

A Calcita também pode ser usada em vórtices de força e em sítios arqueológicos, locais ancestrais, para unir realidades paralelas. Com o uso e a intenção apropriados, podemos tomar consciência das realidades que existiram há muito tempo, antes que a raça humana entrasse no processo pleno de materialização. O propósito de sintonizar-se com esse tipo de realidade paralela é obter uma melhor compreensão do uso de tecnologias avançadas, do respeito à força vital e aos elementos, bem como da criação com a Essência Divina. Usando a Calcita como uma janela para o passado, também é possível perceber vidas que você possa ter vivido nos tempos antigos em lugares sagrados. O simples fato de segurar uma Calcita ou meditar com ela em lugares como o Egito, o Yucatán, o Peru, o Tibete ou em locais com grande concentração energética nos Estados Unidos, como o Monte Shasta ou o Chaco Canyon, pode erguer os véus temporais da recordação e gerar experiências transcendentais.

Um dos mais importantes fatores no uso da Calcita como instrumento para nos sintonizarmos com a realidade paralela que está acontecendo simultaneamente em um tempo antigo (ou mesmo futuro) é a "dissociação mental". Ela significa que todas as noções, conceitos e padrões de pensamento preconcebidos que existem na mente desde o século XX devem ser temporariamente abandonados. O estado de consciência que existia na antiga Atlântida, na Lemúria ou no Egito é muitíssimo diferente da consciência que temos agora. Nossas percepções são limitadas em alto grau pela programação parental, social, religiosa e planetária a que fomos sujeitos no século XX. Para nos sintonizarmos com a verdadeira essência da consciência tal como ela é em outra época, temos de adquirir o puro estado de "SER" (em vez de pensar).

Os vórtices de energia que existem nos antigos locais sagrados têm registrada no campo áurico toda a história que aconteceu naquele lugar. Muitas realidades existem ao mesmo tempo nesses lugares com alta concentração de energia. Por exemplo, se estiver visitando um desses antigos templos destinados à cura no Egito, você poderá estar no tempo presente e, simultaneamente, sintonizar-se com a era romana, com a era grega, com as dinastias antigas ou com os habitantes da Atlântida original. Ao se trabalhar com a Calcita para fins de ligação com um tempo passado, deve-se definir claramente a zona de tempo específica com que se pretende entrar em sintonia. O que você de fato está fazendo é sintonizar-se com a realidade de sua escolha, levando o seu ser a ressoar nessa frequência de tempo. É muito importante que você esclareça suas intenções e se visualize cercado por uma bolha de luz antes de embarcar em uma viagem pelo tempo como essa (veja "Bolha de Proteção", *As Propriedades Curativas dos Cristais e das Pedras Preciosas*, pp. 204-06). Em seguida, segure uma peça de Calcita especialmente transparente junto ao terceiro olho e outra perto do coração, e deixe que o seu ser perceba as impressões que acontecerão. É necessário ter uma mente clara e aberta, e não ser crítico quanto ao que receber. Mesmo que seja uma experiência totalmente nova, o que você perceber pode ser implantado positivamente na época atual.

Obtemos alguns benefícios quando carregamos uma Calcita ou meditamos com ela ao viajarmos por lugares com grande concentração de energia. Primeiramente, para nos sintonizarmos com outra zona de tempo, devemos dissociar-nos das noções preexistentes de realidade. À medida que os conceitos lineares de tempo são dissolvidos, podemos "saber", por experiência direta, que todas as realidades existem simultaneamente dentro do momento eterno. Isso, em si e por si, requer certo grau de maestria, que fornece um desafio pessoal para nos expandirmos e buscarmos a verdade maior. Em segundo lugar, as experiências que permitem que contatemos outro tempo e outra raça de seres aumentam o "conhecimento" de nossas raízes imersas no passado ou do nosso potencial futuro. Por fim, muitas lições valiosas podem ser aprendidas com lugares, pessoas e situações do passado. Por exemplo, muitas raças antigas eram extremamente sintonizadas com a natureza e usavam a força vital gerada pelo Sol, pela água, pelos ventos e pela terra para criar e manter a vida. Em nosso mundo conturbado por extrema poluição ambiental, essa sintonia com a natureza pode servir para proteger e assegurar nossos recursos naturais.

A Calcita também pode ser usada em curas para ligar vidas passadas ou futuras à existência presente. As Calcitas bem transparentes podem ser colocadas no terceiro olho para integrar aspectos fragmentados da personalidade no eterno momento do agora. Com a aplicação da terapia adequada, as lições de existências simultâneas em realidades paralelas podem ser aplicadas de modos que não foram possíveis em outros tempos. Para mais instruções, leia *As Propriedades Curativas dos Cristais e das Pedras Preciosas*, Parte III.

Integrando o novo modo de ser

Sendo a Calcita um dos integrantes da Trindade Mental (veja *As Propriedades Curativas dos Cristais e das Pedras Preciosas*, pp. 323-24), dissemos que ela ajuda as transições, os ajustes e as alterações mentais e estimula frequências de onda cerebrais mais elevadas quando colocada sobre o terceiro olho. A Calcita vibra na mais alta frequência com relação a seus pares da Trindade Mental, a Fluorita e a Pirita. A Fluorita cria essencialmente ordem mental e mantém a conexão do aspecto intuitivo com o intelecto durante os estados ativos. A Pirita fortalece a capacidade intelectual para a assimilação da consciência superior. A Calcita tem o potencial de eliminar atitudes e conceitos antigos que já não servem a propósitos espirituais, elevando a percepção para que um "novo modo de ser" possa se manifestar.

A Fluorita e a Pirita têm uma matriz cúbica e o mesmo sistema geométrico. Se nos relacionarmos com a mente e com o mundo tridimensional como um cubo (com altura, largura e profundidade), entenderemos com mais facilidade que a Fluorita e a Pirita servem para fortalecer e expandir a nossa realidade físico-mental tridimensional. A Calcita, contudo, tem um sistema geométrico diferente, hexagonal. Com relação ao cubo, uma peça romboide de Calcita parece ter estendido e ampliado a realidade tridimensional em todas as direções possíveis. A Calcita expande o sistema cúbico ao grau em que estão incluídas as frequências espirituais. Ela valentemente fica no limiar das dimensões e é a mais eficaz de todas as Principais Pedras Energizantes na transmissão de energia dos três chakras superiores para todos os centros energéticos inferiores.

Este é, sem dúvida, um tempo de grande tensão para o nosso planeta, época em que os seres humanos lutam para unir a compaixão espiritual à tecnologia mental. Durante os cruciais anos 1990, todas as velhas estruturas que não servem ao "novo modo de ser" começarão a cair pelo caminho. E terão de cair para darem espaço ao desenvolvimento de uma nova ordem. A calcita terá grande utilidade nesta época, pois integra a Essência Divina com todos os novos sistemas que surgirão. O casamento entre ciência e religião, física e metafísica, saúde holística e medicina tradicional, mente e coração, e corpo e alma, será o alicerce de que vai brotar a nova ordem.

A NOVA energia está aqui! Não precisamos mais esperar por ela ou rezar para que surja. São apenas os conceitos limitados da mente e os bloqueios do coração que impedem o seu reconhecimento e assimilação. Os cristais de Calcita são os mais eficazes instrumentos disponíveis para unir as realidades paralelas de um modo obsoleto de viver com medo com o novo modo de SER na luz, no amor e na harmonia com toda a vida. Ao nos dissociarmos de antigas maneiras de nos relacionarmos, os novos conceitos do ser assumirão o seu lugar.

Use cristais romboides de Calcita quando reconstruir conscientemente sua realidade. (Veja a seguir os efeitos específicos de diferentes cores da Calcita.) Segure-a, leve-a no bolso ou na bolsa, coloque-a no terceiro olho e no coração, ou olhe fixamente para ela enquanto medita sobre suas perfeitas formações paralelas. A natureza da Calcita é expandir o cubo, ampliar a nossa mente para livrá-la da sua falsa segurança. Nessa expansão, tornam-se disponíveis mais opções, mais oportunidades e soluções. Quando você quiser aumentar a dimensão da sua realidade física para incluir o coração espiritual, use um cristal romboide de Calcita e ele lhe mostrará como transformar seu cérebro tridimensional em um "NOVO MODO DE SER"!

A formação romboide irisada da Calcita

Assim que o corpo de luz for ativado com a Selenita e o Chakra Causal receber sua Infusão de Cianita, a Calcita assume o comando. Com um espectro completo de expressão do raio do arco-íris ao seu dispor, ela estimula o processo de espiritualização ao transmitir de maneira competente a mensagem de um "novo modo" ao sistema dos chakras. A essência da Calcita é fundamental nas Transmissões Cristalinas, pois constrói uma ponte através da qual o potencial espiritual ilimitado se torna parte integrante da realidade física.

Cristais límpidos de Calcita Óptica

Esses cristais de Calcita são totalmente transparentes e têm um brilho radiante. Essas entidades cristalinas desanuviadas abrem e limpam o espaço entre o Chakra da Coroa e a Estrela da Alma. Quando colocados no ponto do Chakra da Coroa ou mantidos quinze centímetros acima da cabeça, eles constroem os canais através dos quais a energia pode viajar do Divino Impessoal à identidade personalizada. Esses cristais muitas vezes refletem fenomenais arco-íris fluorescentes. Isso demonstra que a luz branca pura pode ser transmitida da Estrela da Alma e assimilada pelas várias frequências de cor de todo o sistema de chakras. Os cristais com arco-íris podem ser colocados sobre qualquer centro de chakra para produzir a assimilação dos raios de luz pela estrutura humana.

Os cristais límpidos de Calcita Óptica terão efeitos positivos na melhoria da visão se a pessoa estiver pronta e disposta a procurar a verdade. Eles podem nos ajudar a "ver as coisas com clareza" e a perceber a realidade de um "modo novo". Por isso, não causa surpresa o fato de os cristais serem usados em instrumentos ópticos devido às suas especiais propriedades transmissoras de luz. Para empregá-los em sua forma natural para uma percepção maior e mais clara, podemos usar quatro pequenos cristais límpidos de Calcita Óptica em procedimentos de cura. Coloque um desses cristais em cada olho (pálpebras fechadas) e um no terceiro olho, enquanto segura um quarto cristal diretamente sobre o ponto do Chakra da Coroa. Execute os procedimentos terapêuticos necessários e inclua as pedras adicionais descritas em *As Propriedades Curativas dos Cristais e das Pedras Preciosas*, Parte III.

Mais fácil de localizar do que a Calcita Óptica límpida é a variedade que pode ter inclusões dentro do cristal. Esses cristais de Calcita expressam claridade, mas não estão classificados na mesma categoria dos opticamente límpidos. A Calcita Límpida pode ser usada com as mesmas finalidades da Calcita Óptica límpida, mas tem potência e efeito ligeiramente menores. Além disso, a Calcita Límpida tem sua própria capacidade de construir a ponte entre a Estrela da Alma e o Chakra da Coroa, servindo como um precioso instrumento de meditação. A Calcita Límpida também pode ser colocada no centro do terceiro olho quando você deseja receber o esclarecimento de visões, de sonhos, de canalizações ou de lampejos de inspiração.

A Calcita Verde

Já fiz considerações sobre a Calcita Verde em *As Propriedades Curativas dos Cristais e das Pedras Preciosas*, pp. 332-34. Além daquelas informações, eu gostaria de dizer o seguinte:

É possível encontrar a Calcita Verde no formato totalmente romboide, mas com mais frequência ela é encontrada na forma bruta. A Calcita Verde é o mais eficaz cristal usado nos estados de mudança mental. Ela atua melhor quando você está bem em meio a uma reprogramação mental. Ela ajuda a mente a abandonar antigos conceitos baseados no medo quando se está no processo de formular conscientemente novas ideologias que incluam possibilidades infinitas. A Calcita Verde está presente como um amigo devotado, confiável, que lhe dará uma sensação de segurança quando você disser corajosamente: "Sim. É isto que quero ser!". Ela tem um efeito estabilizador quando se está no espaço nebuloso entre o estágio de desapegar-se de uma realidade e firmar-se em um novo caminho escolhido. Sendo uma das pedras de cura mental, a Calcita Verde ajuda a evitar uma crise de identidade quando ocorre a liberação e neutralização da carga de padrões e de ciclos ativados a partir de vidas passadas, de código genético, de experiências uterinas e da infância.

A finalidade da Calcita Verde é introduzir o raio de cura verde para facilitar e suavizar a psique no processo de desapego. Simultaneamente, ela torna a caixa cúbica da mente uma esfera maior de conhecimento e compreensão. Sendo uma pedra de transição entre o que foi e o que será, pode ser usada em qualquer esquema de cura com cristais quando uma pessoa está pronta a desapegar-se, a se renovar e a reconstruir imagens e padrões mentais preestabelecidos. A Calcita Verde muitas vezes é colocada no centro do terceiro olho ou sobre as sobrancelhas depois do uso da Azurita (veja *As Propriedades Curativas dos Cristais e das Pedras Preciosas*, pp. 151-52), assim que o subconsciente esteja purificado.

A Calcita Rosa

Obviamente, a Calcita Rosa tem ligação com o Chakra do Coração. Ela é formada na água e também é solúvel nela. A energia da água se relaciona com o corpo emocional. A Calcita Rosa pode ser usada no Chakra do Coração em curas com cristais ou na meditação pessoal. Essa carinhosa entidade cristalina ajuda a dissolver antigos padrões emocionais de medo, dores de cabeça, tristeza e luto, ao mesmo tempo que estimula a essência do amor incondicional. Com isso, o coração será curado e libertado da escravidão à dor emocional e passará a existir um "novo modo de amar".

A Calcita Rosa combina os matizes do Quartzo Rosa e da Turmalina Rosa, reunindo as qualidades de ambos. O Quartzo Rosa exemplifica a natureza interior do amor-próprio e da autonutrição, enquanto a Turmalina Rosa expressa dinamicamente o amor no mundo. A Calcita Rosa faz as duas coisas! Ela constrói a ponte entre o amor que temos por nós mesmos e a expressão espontânea desse amor no mundo. O "novo modo de amar" tem seu fundamento na certeza de que honramos e amamos primeiro a nós mesmos. Com o amor-próprio como premissa fundamental, os canais do coração se abrirão para compartilharmos esse sentimento com os outros, com a Terra, com toda a vida e toda a criação. A Calcita Rosa deve ser usada em qualquer chakra na cura com cristais a fim de integrar o poder do amor nos centros de energia. Também pode ser usada na meditação, e podemos levá-la conosco ou usá-la quando estivermos no processo de expandir a capacidade de amar. Como a Calcita Rosa transmite sua frequência para a aura humana, a capacidade de demonstrar alegria, de dar abundantemente, bem como de receber amor e de ser nutrido pela vida, são as suas consequências naturais.

A Calcita Pêssego

A Calcita Pêssego tem o mesmo efeito que a Calcita Rosa, exceto pelo fato de adicionar a brilhante energia dourada do Chakra da Coroa, integrando-a aos reinos do coração. Esse matiz de pêssego é um novo raio de cor extravagante criado pela fusão de dourado com rosa. Sendo uma das cores futuristas da Nova Era, ela vai se tornando cada vez mais importante à medida que aprendemos a fundir as energias da mente com as do coração. A Calcita Pêssego é o casamento perfeito entre a mente superior (dourada) e o coração aberto (rosa), criando a união equilibrada da ação amorosa consciente. A Calcita Pêssego pode ser usada em esquemas de cura com cristais na coroa, no coração ou no umbigo para criar harmonia entre a mente, o coração e o corpo. A Calcita Pêssego se torna um mestre valioso na meditação pessoal, pois cria as sinapses que unirão o coração e a mente, o pensamento e o sentimento, a percepção consciente e a ação amorosa. A Calcita Pêssego transmite uma nova essência pura, uma essência que fala de união e sugere fantástica existência futura.

A Calcita Dourada

A Calcita Dourada está ligada ao centro do umbigo. Também é chamada de "mel" e, em geral, não tem terminação romboide, mas é encontrada em nacos arredondados macios. A Calcita Dourada pode ser usada no Chakra do Umbigo para integrar o "novo modo" ao plano físico, isto é, aos relacionamentos, à vida no lar, aos negócios e ao estilo de vida. Tal como a Calcita Verde, a dourada ajuda a facilitar as fases transitórias quando se está em meio à mudança. Trata-se de uma boa pedra para levarmos conosco, usarmos na meditação e durante o sono, enquanto fazemos os necessários ajustes do plano físico no processo das Transmissões Cristalinas. É uma pedra que acalma o sistema digestório, que pode ser muitíssimo afetado na assimilação de novas frequências. A Calcita Mel é especialmente boa para tratar problemas relacionados com a vesícula biliar. Como o umbigo se vincula com a manifestação e expressão do poder pessoal, a Calcita Mel ajuda a assegurar que esse poder seja adequadamente utilizado. Trata-se de uma pedra maravilhosa para usarmos no ponto umbilical nos esquemas de cura com cristais a fim de facilitar as mudanças turbulentas e providenciar um acréscimo de energia para a assimilação física dos raios de luz. (Consulte também *As Propriedades Curativas dos Cristais e das Pedras Preciosas*, pp. 333-34.)

A Calcita Citrino

A Calcita Citrino se forma em cristais perfeitamente romboides. Ela une o que é percebido pela mente superior às frequências mais densas da materialidade. Como o raio dourado da coroa também se associa com o amarelo-alaranjado do umbigo, ela pode ser usada em ambos os centros de energia. Na coroa, serve para estimular a glândula pineal, de modo que as perspectivas expandidas possam ser conscientemente percebidas. A Calcita Citrino transmite a intenção consciente para a estrutura celular física. Ela pode ser colocada em qualquer lugar do corpo a que se desejem transmitir novos conceitos ou atitudes de saúde e bem-estar. Portanto, cristais de Calcita Citrino podem ser programados com pensamentos e imagens de tecidos ou órgãos doentes substituídos por tecidos e órgãos saudáveis e fortes. Uma vez traçado o programa, coloque o cristal sobre a parte doente do corpo e ele transmitirá a impressão programada diretamente para aquele órgão ou tecido.

Os Raios Estelares

A Calcita é multidimensional e excepcionalmente versátil por natureza e forma vários tipos de terminações perfeitas. O segundo tipo de terminação que quero mencionar é a Calcita *Dogtooth*, que para nossas finalidades rebatizei de "Raios Estelares". Esses cristais se parecem com modernos foguetes espaciais ou aeronaves que podem mover-se mais rápido que a velocidade da luz. Essas peças pontudas são classificadas como escalenoedro e, no geral, têm certo grau de transparência. A cor mais comum que os Raios Estelares refletem é o dourado citrino, e muitas vezes eles têm terminação dupla. A outra cor que esses raios projetarão é a vermelha, e esses cristais, nesta época, tendem a ser mais difíceis de localizar. Mas, tal como acontece com todos os cristais, se você precisar de um e estiver pronto para usá-lo, pode apostar que ele surgirá. Com sintonização e intenção, esses poderosos cristais podem nos ensinar maravilhas que estão além da nossa atual compreensão.

A existência de uma nova realidade

Os Raios Estelares têm uma aparência muito diferente da Calcita Romboide. E, no entanto, os pontudos Raios Estelares são compostos de unidades individuais romboides. Se um Raio Estelar se quebrar ou lascar, você descobrirá paralelogramos, tal como acontece com os cristais romboides de Calcita. Essas estruturas primais são as unidades básicas essenciais que criam a formação final dos Raios Estelares. Portanto, é da evolução de linhas paralelas unidas que nasce um cristal acabado inteiramente novo.

Como falei, a Calcita Romboide une as realidades paralelas do espírito e da matéria. Por um momento, imaginemos como será quando o mundo espiritual e o material se fundirem. Quando essa integração for feita, nós nos tornaremos cristais humanos vivos manifestando continuamente a força de luz em nossa vida física. Então, as Transmissões Cristalinas se tornarão uma realidade. Os Raios Estelares representam essa nova realidade, levando o velho ao fim e renovando a vida, em suas terminações claramente definidas, que apontam para um novo início. Eles desafiam a nossa mente a ousar conceber novas possibilidades, que existem fora da nossa limitada consciência. Sua essência fala da coragem e da força que sempre existiram naqueles que acreditaram nas próprias visões e viveram seus sonhos. Essas estruturas cristalinas altamente evoluídas são uma comprovação poderosa do potencial e da possibilidade futuros. Eles tomaram a unidade primordial do romboide e a transformaram numa inegável realidade nova, cuja essência, afirmação e finalidade são a da unificação do espírito e da matéria.

Os Raios Estelares servem à meditação de qualquer pessoa disposta e pronta a reconhecer a nova realidade e a integrá-la; eles retêm unicamente aquilo que mantém a integridade espiritual e o funde com a perspectiva corajosa do novo modo de ser. Quando esse processo estiver concluído, nos termos representados pela terminação dos Raios Estelares, a Essência Cristalina será completamente ativada e se manifestará em todas as facetas da vida. Os Raios Estelares são cristais muito poderosos a serem usados nesse tipo de processo de transformação. Eles iniciarão graus maiores de força vital, que potencialmente pode ser canalizada para fazer vibrar as estruturas atômicas do plano material em uma velocidade maior. Com a assimilação apropriada dessa energia vital ampliada, a visão espiritual e a realidade física podem coexistir de maneira unificada.

Raios dourados e vermelhos

Como mencionei, amarelo e vermelho são as cores mais comuns, que os Raios Estelares estão manifestando neste ponto do tempo. Essas são cores óbvias se as correlacionamos com o sistema de chakras. O dourado citrino está ligado ao umbigo, à manifestação e ao equilíbrio do poder no plano físico. O vermelho corresponde ao segundo chakra e à força vital criativa com a qual manifestamos nosso poder. Essas duas cores têm um efeito direto sobre os centros de energia que assimilam mais apropriadamente as novas forças no plano material.

A mensagem que os Raios Estelares Citrinos transmitem é: "tenha coragem de mudar, de fazer as mudanças necessárias na consciência e de dar o gigantesco passo evolutivo que é acessível a você. AGORA!" Use o raio amarelo da força e da coragem para valentemente projetar essa dinâmica realidade nova em sua vida. Use os cristais nas meditações para receber a visão do novo caminho. Leve-os com você quando precisar fazer uma mudança e estiver abandonando a falsa segurança de velhos padrões. Coloque-os no terceiro olho e veja a esperança no futuro, em que a paz prevalecerá e o equilíbrio será restaurado. Use Raios Estelares Citrinos no umbigo ou em qualquer outro lugar apropriado nos esquemas de cura pelos cristais quando a pessoa estiver realmente pronta a fazer uma passagem consciente para a vivência do potencial de um ser humano de luz. Mantenha-os ao seu redor no ambiente em que vive, de modo que a sua essência e a sua energia sejam assimiladas pelo seu ser. Os Raios Estelares devem ser usados com consciência e com o mais elevado respeito. Eles são um dos mais eficientes instrumentos a que temos acesso hoje capazes de nos ajudar a transcender os limitados preconceitos da mente e alcançar as infinitas possibilidades do espírito.

Os Raios Estelares Vermelhos, em geral, são encontrados em agregados, drusas, e a cor vermelha é resultado de um envoltório de Hematita. Com a cor vermelha ativando a energia criativa e a Hematita estabelecendo forças de luz branca, esses cristais constituem ferramentas excepcionais para o desenvolvimento, no planeta, de novos projetos que se associem diretamente com o serviço. Eles também são cristais muito potentes na produção dos altos graus de força e energia criativa necessários para provocar uma mudança positiva no nosso planeta. Os Raios Estelares Vermelhos, em geral, se manifestam em agregados de cristal que simbolicamente transmitem a mensagem de vivermos juntos em harmonia. Dentro deles existe uma fórmula para as novas comunidades que surgirão. Esses cristais serão úteis nos séculos que temos diante de nós. Eles contêm a visão e a energia para as futuras criações, que emergirão assim que o sonho e a realidade se fundirem numa coisa só.

Além disso, eles são entidades cristalinas muito eficientes que não devem ser excessivamente usadas. A energia vermelha em demasia, não canalizada para trabalhos criativos concretos, pode criar superativação do segundo chakra. Isso pode gerar um excesso de calor no corpo físico, o que resultará em possíveis febres, em ímpetos irrefletidos, em ondas de calor etc. Comece devagar e com tranquilidade o seu trabalho com esses cristais. Medite com eles, ou os ponha sobre o segundo chakra, apenas durante uns poucos minutos por vez; e, em seguida, transforme diretamente essa energia em uma ação criativa.

Os Raios Estelares Vermelhos podem ser usados no terceiro olho para obtermos a visão da nossa própria meta criativa na Terra. Porém, a responsabilidade pessoal de viver essa visão é essencial ao trabalho com estes cristais. Um dedicado compromisso é pré-requisito essencial para lidarmos com esses novos cristais incrivelmente poderosos e maravilhosos. Sua Transmissão Cristalina nos diz: "Faça-o já".

O esquema da Calcita

Quando uma pessoa está pronta e preparada para integrar conscientemente a essência do "Novo Caminho", esse esquema da Calcita pode ser executado. Comece por seguir a terapia preparatória inicial descrita em *As Propriedades Curativas dos Cristais e das Pedras Preciosas*, pp. 181-95. Em seguida, segure uma Calcita Óptica transparente no ponto do Chakra da Coroa com um cristal amarelado romboide no centro da risca do cabelo. Coloque uma Calcita Verde no terceiro olho e acima de cada sobrancelha, uma Rosa ou Cor de Pêssego no centro do coração e uma Dourada no umbigo. Posicione um agregado de Raios Estelares Vermelhos no centro do osso púbico e um Raio Estelar Citrino com terminação dupla entre os pés. Coloque dois cristais de Turmalina Negra nas mãos para assegurar-se de que essas energias serão apropriadamente integradas e fixadas. Acrescente quaisquer outras pedras que possam ser eficientes para cada cura individual e continue a usar a terapêutica discutida em *As Propriedades Curativas dos Cristais e das Pedras Preciosas*. Certifique-se de elaborar um poderoso plano de manutenção para a pessoa que está sendo atendida, de tal forma que essas energias sejam assimiladas na vida cotidiana.

Muito mais coisas poderiam ser ditas sobre a Calcita. No entanto, para guardar um pouco mais de espaço para outras informações, ficarei por aqui. Como uma das Principais Pedras Energizantes, a Calcita é importante na assimilação da energia da Estrela da Alma por todo o sistema dos chakras. Apenas "SEJA" com a Calcita, e ela compartilhará com você um "novo modo de ser"! Na realidade, ele não é novo, é eterno; mas que só agora temos condição e capacidade de absorve-lo.

Capítulo 7

A HEMATITA

A Hematita é um mineral metamórfico. Exposto ao oxigênio, seja na atmosfera ou no contato com a água, o ferro oxida, dando origem à Hematita. Tendo as características do ferro e do oxigênio, esse importante minério de ferro herda diretamente a força do ferro e a essência etérea do oxigênio. Transformando a natureza de um dos mais duros metais da Terra, a Hematita é dotada, no próprio processo da sua criação, do poder da metamorfose. Criada da terra e do éter gasoso, esta pedra energizante é devotada à essência do corpo de luz, bem como ao corpo físico. A Hematita usa a magia da metamorfose para encarnar os elementos espirituais em forma tangível.

Sendo fiel à terra, a Hematita reflete os raios do negro, do cinza e do marrom. Alinhada com o etéreo, ela pode ser lapidada ou polida para refletir um lustro prateado. Ela é opaca e mais pesada do que a maioria das outras pedras. A Hematita se cristaliza naturalmente, formando cristais planos ou romboides que mostram às vezes faces romboides curvas ou estriadas. No entanto, são mais comuns as pedras roladas, em cabuchão ou facetadas. Se você conseguir um cristal de Hematita com terminação natural, não deixe de trabalhar com ele. Cristais naturais de Hematita são mais benéficos do que qualquer outra forma cristalina como ligação direta entre a essência do espírito e as frequências mais densas do plano terrestre.

O sangue da Terra

Uma das maneiras de identificar os minerais é o teste do traço ou teste de raia (*streak test*). Minerais com uma dureza inferior à de um prato de porcelana não vitrificada (5.5) deixarão um traço de pó fino quando esfregados no prato. Na maioria das vezes, a cor do pó coincide com a cor do mineral testado. No entanto, quando a Hematita negra acinzentada é esfregada num prato de teste, um traço vermelho cor de sangue fica como resíduo. O pó criado quando a Hematita é cortada ou polida também é vermelho vivo. Isso é muito significativo para entendermos a verdadeira natureza da Hematita; indica que há mais coisas acontecendo com ela do que podemos perceber a olho nu.

Como já dissemos, a Hematita é criada quando o ferro se oxida ao entrar em contato com a água. Isso mostra, significativamente, que essa pedra está intimamente ligada à água. A água é comparada com o sangue da Terra porque nutre todas as coisas vivas do planeta, tal como o sangue nas veias do corpo alimenta toda célula viva. O fato de a essência dessa pedra terrena ser vermelha, em vez de preta-prateada, significa que a Hematita estimula o poder da energia criativa invisível inata (vermelho), ao mesmo tempo que estende sua influência à manifestação revelada (preto).

A essência vermelha da Hematita exerce um efeito direto e revitalizante sobre o sangue humano e o sistema circulatório. Há tempo se sabe que o ferro fortalece o sangue e é mineral necessário aos seres humanos, principalmente às mulheres, que perdem sangue todos os meses com a menstruação. A Hematita pode ser usada, carregada, transformada em joias que servem como remédio, empregada em curas com cristais e na meditação, graças aos efeitos fortalecedores do ferro. Ela é uma excelente pedra de cura para qualquer mal sanguíneo. A Hematita ajuda a coagular o sangue dos hemofílicos, a controlar a perda de sangue em feridas ou incisões cirúrgicas e a promover a manutenção de uma boa saúde. Ela não só tem um efeito direto sobre o sangue, como também, a depender do centro de energia sobre o qual for colocada, pode fortalecer a vontade e os corpos emocional, mental ou espiritual.

A maioria das doenças atuais é criada pela contaminação do fluxo sanguíneo, quer como resultado da ingestão de alimentos tóxicos, da respiração de ar impuro ou do uso de água com componentes químicos, quer em função do envenenamento do sistema de abastecimento com várias formas de drogas ou intoxicantes. Poucas pessoas compreendem como é importante o sangue forte e revitalizado para o bem-estar. Se usada em conjunção com bons hábitos alimentares, a Hematita pode ser uma parceira incrível na reparação do fluido vital do corpo. Fortalecer o sangue é um dos fatores-chave na prevenção e tratamento do câncer e da AIDS. Rejuvenescer a força vital através do sistema circulatório é imperativo na cura dessas doenças mortais que existem no planeta hoje. Portanto, quando estiver trabalhando com qualquer doença física, quer seja câncer, AIDS, problemas do fígado ou dos rins (os órgãos da purificação do sangue), ou qualquer condição tóxica, use a Hematita.

Conectar o espírito ao corpo é a missão da Hematita. À medida que a corrente sanguínea leva a mensagem da matéria espiritualizada para o código genético de cada célula, o corpo físico é alimentado e a impressão das Transmissões Cristalinas semeada. Quando estiver ativando a oitava superior das forças criativas, medite com a Hematita. Quando estiver alicerçando o corpo de luz na sola dos pés para dirigir seus movimentos para o chão, coloque Hematita nos sapatos, para facilitar sua ação.

Da Estrela da Alma à Estrela da Terra

A Hematita é a principal pedra do planeta pois tem o poder de ativar a Estrela da Terra (ver p. 43). Para que o corpo de luz estabeleça morada permanente no plano físico, é imperativo que seja feita uma identificação consciente com esse centro de chakra. Essa identificação não resulta em apego aos objetos mundanos ou às coisas terrenas. Em vez disso, fornece uma perspectiva divina e permite um entendimento mais profundo da natureza sempre cambiante da realidade terrena. O potencial é grande. As possibilidades são ilimitadas quando a essência espiritual é fundida nas raízes do mundo físico. A Hematita metamorfoseou a própria natureza da dura realidade física ao unir o ferro e o oxigênio numa forma rara e bela. Ela está disposta a nos ensinar como fazer o mesmo.

A Hematita presta um grande serviço nas Transmissões Cristalinas e tem uma finalidade essencial no Esquema das Principais Pedras Energizantes. Colocadas nos pontos da virilha, no centro das coxas, nos joelhos e tornozelos, as pedras de Hematita formam a ponte pela qual a luz da Estrela da Alma pode ser ligada às raízes da humanidade. Quando se colocam três pedras de Hematita em triângulo abaixo da sola dos pés e se usam essas pedras em conjunto com a Selenita, a Estrela da Terra é ativada. Apenas nesse momento, quando um ciclo terrestre difícil está prestes a se completar, esse chakra vital pode integrar energias dos chakras superiores, criando uma raça inteiramente nova de seres e uma esfera única de existência.

É aconselhável que a meditação e a sintonização individualizada com a Hematita precedam o Esquema das Principais Pedras Energizantes a fim de se iniciar o processo de purificação e fortalecimento do sangue para essa transfusão de luz. A Hematita tem o poder de canalizar energia espiritual diretamente para o sangue estimulando todas as células do corpo com uma força vitalizadora. Quando isso ocorre, há uma profunda mudança, ainda que sutil, no código genético que nos foi legado por eras de esquecimento. Com cada unidade primal de vida em forma física alimentada com a própria substância da luz, mudanças aceleradas começam a acontecer. Então, novos padrões são infiltrados, substituindo antigos programas codificados que dominaram a nossa consciência por milênios.

Com a ocorrência desse processo e o início do "Novo Caminho", a Hematita continua sendo uma companhia adequada, já que é criada uma nova química corporal. Levar uma Hematita consigo, usá-la, meditar ou dormir com ela nos dias, semanas e meses que sucedem a esse esquema avançado é extremamente útil. Parece que um dos pontos mais difíceis das experiências espirituais é o fato de passarem, deixando-nos apenas a recordação e a ansiosa antecipação da próxima revelação. Dedicar tempo à Hematita traz os maiores benefícios, pois as mudanças vão se tornando reais na realidade, momento a momento, da existência cotidiana.

Usadas em esquemas regulares de cura com cristais, três pedras de Hematita podem ser colocadas sob os pés, em uma formação triangular a fim de canalizar energia para a Estrela da Terra. Ao empregar a Hematita dessa maneira, é bom que você faça a pessoa que está sendo atendida inalar a energia da Estrela da Alma, levando-a através da linha central até a base da espinha (veja *As Propriedades Curativas dos Cristais e das Pedras Preciosas*, pp. 189-93.) Porém, em vez de expirar subindo pela espinha, oriente o movimento para baixo, pelas pernas, saindo pela sola dos pés, para se conectar com a Estrela da Terra, a quinze centímetros abaixo do corpo. Naturalmente, esse tipo de técnica respiratória também é útil para quem precisa de uma maior ligação com o corpo físico e/ou quer ter os pés no chão.

Construindo um escudo refletor

À medida que ocorre uma transformação interior, é preciso novamente e continuamente identificar-se com aquilo que está nascendo, em vez de o fazer com o que está sendo eliminado. Muitas mudanças acontecerão no planeta nas próximas décadas. Sistemas e modos de vida estabelecidos se alterarão ou deixarão de existir, visto que todas as nossas estruturas terrenas estão sendo testadas pela verdadeira integridade do espírito. Essa é, na verdade, a dor do parto que a Terra está sentindo ao dar à luz uma nova estirpe e um novo mundo. E, no entanto, é tão fácil nos apegarmos às pessoas, às coisas, aos eventos e aos padrões de existência que nos têm dado uma falsa sensação de segurança! A Hematita, com sua força e seu poder de metamorfose, pode ser usada nestes tempos para fortalecer a visão e a esperança daquilo que está nascendo em nós, bem como no planeta.

É possível construir um escudo refletor usando a Hematita. Esse escudo nos ajuda a permanecer concentrados em épocas de mudança e serve de proteção contra a negatividade psíquica ou os ambientes de baixa frequência. Um escudo refletor de Hematita também ajuda a estabelecer limites pessoais definidos, para que você não absorva os sentimentos ou a energia de outras pessoas. Construir esse escudo não significa que você deixa de sentir, de ter consciência ou de interagir com o que está acontecendo à sua volta; significa que você será capaz de manter melhor sua identidade, sua energia e sua conexão consciente com a sua fonte enquanto vive no mundo nestes tempos de transição. A Hematita ajuda você a criar uma vontade de ferro, de modo que possam ser feitas escolhas conscientes que permitam a realização de objetivos pessoais.

A Hematita é uma pedra incrivelmente brilhante, capaz de refletir, e já foi usada para fazer espelhos na Antiguidade. Esse atributo de reflexão é o que a capacita a repelir as impressões negativas de origem externa, ao mesmo tempo que fornece força interior. Usar a Hematita dessa maneira ajudará você a ver o que é seu e o que não é, onde você precisa crescer pessoalmente e fazer mudanças, e o que está sendo imposto pelas expectativas e exigências dos outros.

Para construir um escudo refletor, faça a pessoa deitar-se e coloque uma Hematita em cada um dos chakras. Ponha pedras de Hematita em cada mão, uma tocando o calcanhar de cada pé e outra quinze centímetros abaixo dos pés para ativar a Estrela da Terra. Um cubo ou um agregado natural de Pirita é colocado no Chakra da Coroa, tocando o alto da cabeça. Ponha mais doze pedras de Hematita no espaço áurico ao redor do corpo, a pelo menos quinze centímetros de distância de qualquer parte dele. Duas devem estar em alinhamento com os olhos, duas com os ombros, duas com o plexo solar, duas com os quadris, duas paralelas aos joelhos e as duas últimas a quinze centímetros dos tornozelos. A respiração é longa e profunda; concentra a inalação, ao extrair energia da coroa, levando-a até a sola dos pés. A exalação irradia essa energia de todos os poros do corpo para conectá-lo com as pedras de Hematita colocadas no campo áurico. Respire desse modo durante onze minutos. Cada respiração extrairá força e poder, primeiro para o corpo e, em seguida, para a aura, num esforço contínuo.

Praticar esse esquema todos os dias é benéfico para os que constantemente enfrentam os desafios de permanecerem fiéis ao verdadeiro Eu enquanto vivem no mundo exterior. O benefício será maior se se levar ou usar uma pedra de Hematita, como um constante lembrete de que o seu campo de força está ativado. Então, sempre que preciso, quer ao entrar em um terminal escuro do metrô ou se vir envolvido em uma discussão, mentalize o escudo e ele cumprirá sua função protetora. Também é possível fixar uma peça de Hematita no plexo solar ou no centro do coração quando se antecipa uma interação com pessoas ou situações intensas. O escudo refletor de Hematita projeta a força espiritual na aura em sua capacidade máxima capacitando-nos a ficar mais centrados e amorosos enquanto participamos ativamente da vida. Ao fazer isso, ele torna cada vez mais fácil discernir aquilo com que temos de lidar e as influências exteriores que devem ser descartadas.

Considerações adicionais

Como acontece com todas as Principais Pedras Energizantes, a Hematita realiza várias funções. Ela também é uma poderosa pedra do terceiro olho. Quando colocada entre as sobrancelhas, serve a várias finalidades, dependendo de quem estiver trabalhando com ela e do que precisar. Para algumas pessoas, ela estabelece contato e facilita a comunicação com os extraterrestres. Para outras serve de espelho à mente subconsciente, permitindo a percepção mais clara do eu. E, para outras ainda, intensifica o poder de projeção do pensamento positivo.

Devido à sua capacidade de manter todos os corpos sutis ligados ao corpo físico, a Hematita está em primeiro lugar como pedra energizante de proteção. Leve ou use a Hematita no bolso ou coloque as pedras na sola dos pés antes de embarcar numa viagem aérea. Também é bom tomar, assim que for possível, um banho com ao menos três pedras de Hematita numa banheira cheia de água morna depois de voar longas distâncias de avião. A característica da Hematita, de manter os corpos intactos, também tem sua utilidade antes e depois das cirurgias e das anestesias, ao se sofrer um choque ou em condições de extrema tensão, depois de experiências de proximidade da morte. Também é eficaz para as mães e os bebês depois de uma cesariana. Além disso, a Hematita é muito eficaz para pessoas desligadas, para as que sentem tonturas, para as que têm pressão sanguínea baixa ou para as que se dissociam com facilidade do mundo físico.

Por último, mas não menos importante, a Hematita é um maravilhoso parceiro quando se quer combater a insônia. Nesses casos ela ajuda a aliviar a tensão criada por uma mente hiperativa, enquanto redireciona a sua força básica para o corpo, permitindo-lhe descansar. Trata-se da pedra ideal para você colocar embaixo do travesseiro se encontrar os demônios do medo no plano astral enquanto estiver dormindo (ou mesmo acordado). A Hematita é como um escudo de armadura, que o defende e protege de modo que a força possa ser extraída dos seus recursos interiores. Colocada sob o travesseiro de crianças que têm dificuldades para dormir ou são atormentadas por pesadelos, a Hematita assenta e estabiliza as correntes de energia que fluem através do corpo, facilitando, assim, um sono tranquilo.

Capítulo 8

O ESQUEMA DA INICIAÇÃO AVANÇADA COM AS PRINCIPAIS PEDRAS ENERGIZANTES

Toda a ideia das Transmissões Cristalinas consiste em levar a luz do espírito para o corpo físico a fim de elevar e transformar a própria natureza da vida na Terra. O Esquema das Principais Pedras Energizantes é o meio pelo qual isso pode acontecer. Ao se ativar o corpo de luz na Estrela da Alma com a Selenita e ao se canalizar essa essência para o Chakra Causal com a ajuda da cianita, a impressão mental pode ser recriada em harmonia com as leis do espírito. A natureza multidimensional da Calcita integra essa luz através de todo o sistema dos chakras para que seja assentada nas raízes da Terra com a Hematita.

Mais do que um mero esquema cristalino, esta é uma iniciação poderosa que vai ativar os três chakras superiores, canalizar essa energia espiritual através do corpo físico e estabelecê-la na Estrela da Terra simultaneamente. Os que executarem essa iniciação para os outros, bem como aqueles que a receberem, precisam ser treinados e preparados, e têm de assumir um compromisso com o processo das Transmissões

Cristalinas. Foram necessários anos de pesquisa pessoal e vidas de prática com cristais para reconstituir essa tecnologia avançada. Como acontece com todo o trabalho que realizei até aqui, agora lhes ofereço esta informação com uma prece e com a convicção de que esse conhecimento será usado apenas de acordo com a Vontade Divina e para o aperfeiçoamento de todos os seres envolvidos.

Preparação

Esta iniciação não se destina às pessoas que se encontram na fase da cura em que estão se desapegando das coisas, se purificando, se libertando e se reprogramando. Entretanto, é altamente recomendável que algumas sessões de cura com cristal precedam esse esquema avançado a fim de ajudar na purificação mental, emocional e física que naturalmente deve acontecer antes de uma iniciação desse tipo. Também é necessário que tanto o praticante como a pessoa a ser atendida estejam familiarizados com o poder dos cristais e das pedras e tenham prática pessoal de assimilação de energia cristalina de frequência superior. Esse esquema de iniciação deve ser executado para os que se sentem limpos, orientados e que "sabem", dentro do seu coração, que estão prontos, receptivos e preparados para receberem um influxo extremamente poderoso de energia. Essas pessoas precisam fazer uma entrega consciente de sua identidade como seres humanos de luz no plano terrestre e estar dispostas a assentar a energia da sua Estrela da Alma nas raízes da Terra. Em nenhuma circunstância, esse esquema (ou suas variações) deve ser usado para o desligamento do corpo, numa tentativa de furtar-se à realidade terrena, que é a arena certa para o crescimento evolutivo nesta época.

Apresento a seguir uma lista de preparativos para a Iniciação com as Principais Pedras Energizantes:

1. Familiarize-se bem com as quatro Principais Pedras Energizantes. Trabalhe com as pedras individualmente, medite com elas, use-as nas situações apropriadas e sintonize-se com suas frequências.
2. Pratique os Exercícios de Respiração (ver p. 61), sintonizando-se ao mesmo tempo com a Estrela da Alma e a Estrela da Terra. Se possível, adote o hábito de executar as Meditações do Sol (ver p. 60). Assegure-se de que, enquanto se sintonizar com o Grande Sol Central em suas meditações, seus pés estejam firmemente plantados no chão e de que a sua Estrela da Terra esteja brilhando. O ideal é praticar os exercícios respiratórios com as Meditações do Sol durante ao menos dez dias antes de executar esse esquema avançado. Se não puder fazer as Meditações do Sol, pratique os exercícios respiratórios durante ao menos onze minutos depois de acordar e antes de se deitar.
3. Prepare e fortaleça seu corpo físico comendo alimentos saudáveis, bebendo oito copos de água pura por dia e exercitando-se regularmente. Você talvez ache útil fazer uma dieta de sucos de três dias antes da iniciação. Entretanto, é importante que você quebre esse jejum ao menos dois dias antes de executar o esquema, para que o corpo se revigore e fortaleça. Com exceção de remédios prescritos pelo médico, não se devem usar drogas por ao menos quarenta dias antes dessa iniciação.
4. Se possível, trabalhe com um praticante de curas com cristais certificado na execução desse esquema. Se isso não for possível, descubra alguém em quem você confie intuitivamente, que conheça bem os cristais e as pedras e esteja familiarizado com a informação contida em meus livros anteriores, além de entender e aceitar a responsabilidade da grandeza do trabalho a ser realizado. É necessário que essa pessoa também se disponha a dedicar seu tempo à sintonização pessoal com as Principais Pedras Energizantes e se sinta bem na posição de facilitador.

5. É claro que a sua orientação pessoal é o fator mais importante. Você vai saber quando estiver pronto para essa iniciação. Pode ser que meses ou anos de preparo sejam necessários, ou talvez você já esteja pronto e apenas precise conhecer os processos específicos do esquema para poder agir. Seja qual for o seu caso, você indubitavelmente sentirá, no íntimo, se esta iniciação lhe serve. Talvez não, e isso também será bom. Você poderá utilizar as Principais Pedras Energizantes de muitos outros modos dinâmicos e eficazes.

6. É necessário assumir um compromisso prévio de incluir um plano intenso de manutenção na vida diária por ao menos quarenta dias depois da iniciação. Sejam quais forem os efeitos conscientes, haverá mudanças profundas e sutis em todos os que experimentarem essas Transmissões Cristalinas. É imperativo que o caminho se torne claro, através da ação disciplinar personalizada, para que as frequências mais elevadas encontrem vias de manifestação. Os Exercícios de Respiração e as Meditações do Sol podem ser aplicados no plano de manutenção, bem como qualquer outra coisa compatível com a pessoa.

Os resultados desse esquema podem ser sutis e profundos, ou intensos e evidentes, a depender do estado de evolução pessoal de cada um. Os efeitos poderão ser mais claros à medida que as correntes de energia se estabelecerem com firmeza entre a Estrela da Alma e a Estrela da Terra. Ou então a Infusão de Cianita no Chakra Causal pode alterar os padrões mentais à medida que a natureza dos seus pensamentos assume uma nova dimensão. Também é possível que ocorra um fortalecimento completo, mas é mais provável que os efeitos sejam cumulativos com a incorporação do plano de manutenção à vida cotidiana. Se sentir que está sendo guiado a uma nova vivência dessa iniciação, espere ao menos quarenta dias antes de repetir o esquema para assimilar totalmente os efeitos da sua primeira experiência.

Desejo o melhor para todos os que fizerem essa experiência com as Principais Pedras Energizantes. Saibam que minhas orações são dedicadas a você e que o meu coração se sente animado e feliz ao pensar na possibilidade de as Transmissões Cristalinas se tornarem uma realidade em sua vida!

O esquema

A seguir, apresento uma lista de todas as pedras necessárias à execução precisa deste esquema.

Dois bastões de Selenita; um maior (tendo ao menos quinze centímetros de comprimento e 2,5 de largura), a ser colocado 22 centímetros acima do alto da cabeça, com a extremidade apontando para o centro posterior da cabeça. O segundo pode ser menor e deve ficar na mão do praticante, para o trabalho na aura da pessoa.

Um bastão de Cianita deve ser colocado abaixo do de Selenita e acima do alto da cabeça, com uma das pontas tocando o Chakra Causal.

Uma Calcita Óptica límpida deve ser colocada no Chakra da Coroa ou no alto da testa, na altura da linha do cabelo.

Três cristais romboides de Calcita Verde devem ser colocados no ponto do terceiro olho e acima da parte central superior de cada sobrancelha, formando um triângulo.

Usam-se três cristais romboides de Calcita transparente. Um é colocado no chakra da garganta e os outros dois devem ser postos na palma de cada mão.

Três cristais romboides de Calcita Rosa/Pêssego: um será colocado no Chakra do Coração e os outros dois acima, um de cada lado do primeiro, formando um triângulo.

Um Raio Estelar Citrino de terminação dupla ficará no plexo solar com uma ponta voltada para o coração e a outra, para o umbigo.

Três cristais de Calcita Mel (de preferência, romboides): um será colocado diretamente acima do umbigo e os outros dois abaixo e de cada lado desse ponto, formando um triângulo.

Um Raio Estelar Vermelho (com uma terminação, com duas, ou mesmo um agregado) deve ser colocado no segundo chakra.

Doze peças de Hematita são necessárias (podem-se usar pedras roladas). Coloque uma no centro do osso púbico, e uma em cada ponto da virilha, formando um triângulo. Ponha uma no centro de cada coxa, uma abaixo de cada joelho, uma em cada tornozelo e uma em cada calcanhar, ficando a última quinze centímetros abaixo dos pés, formando um triângulo com as dos tornozelos.

Se você preferir, e se for apropriado, podem ser colocados cristais de Quartzo transparente com duplas terminações entre os pontos de cada chakra a fim de facilitar a circulação ampliada de energia.

Procedimentos terapêuticos

O ambiente deve ser preparado de tal maneira que favoreça a meditação. É importante que não haja interrupções durante essa iniciação. Portanto, é aconselhável colocar uma plaquinha de "não perturbe, por favor" na porta e, se necessário, desligar o telefone. Também é ideal que a pessoa a ser atendida e o praticante desse esquema se sentem juntos antes a fim de pedirem proteção e orientação (veja *As Propriedades Curativas dos Cristais e das Pedras Preciosas*, p. 195). Assim que se tiver estabelecido uma afinidade e ambas as partes se sentirem relaxadas, a pessoa deve deitar-se e começar a respirar lenta, profunda e longamente, fazendo uma respiração abdominal completa.

Assim que a respiração se estabilizar, ela começa por se concentrar simultaneamente na Estrela da Alma e na Estrela da Terra, enquanto o praticante coloca as pedras na formação adequada. Depois que as pedras forem colocadas, a pessoa fará uma longa, plena e profunda inspiração e reterá o fôlego por quinze segundos, enquanto se concentra em levar a energia da Estrela da Alma para o Chakra Causal. A respiração é retida enquanto a luz é canalizada através da Selenita para o bastão de Cianita a fim de se consolidar no centro posterior da cabeça. Quando a pessoa solta o fôlego, a luz é direcionada de volta para a Estrela da Alma. Ela continuará a respirar e a visualizar dessa maneira durante três minutos, enquanto se estabelece uma conexão entre a Estrela da Alma e o Chakra Causal.

Durante esse tempo, o praticante segurará o segundo bastão de Selenita na mão direita. Quando a pessoa inalar, o praticante traçará uma linha de energia entre o topo da Estrela da Alma e o dos bastões de Selenita e Cianita. Enquanto o ar é retido, o praticante segura o bastão de Selenita diretamente sobre o ponto do Chakra Causal. À medida que a pessoa expira, o praticante move o bastão de Selenita até a posição da Estrela da Alma. O processo deve ser repetido na respiração seguinte.

Para completar esse fortalecimento do Chakra Causal em três minutos, a pessoa inalará profundamente e prenderá a respiração por quinze segundos. Ao expirar, ela visualizará a energia descendo pelo centro frontal do corpo, e passando pelas pernas, com o objetivo de se ligar à Estrela da Terra, abaixo dos pés. Na inspiração seguinte, a energia dela será levada para cima pela parte posterior das pernas, passando pela espinha e pela cabeça a fim de se religar à Estrela da Alma. Continue a fazer circular a energia da Estrela da Alma num movimento descendente pela parte frontal do corpo, até chegar à Estrela da Terra em cada expiração. Em cada inalação, leve a energia da terra para cima pela parte de trás das pernas, passando pela espinha e pela cabeça, para voltar a se conectar com a Estrela da Alma. Deve-se respirar dessa forma por um período de onze a vinte minutos, com a mente totalmente concentrada na energia que circula com a respiração e com a união das estrelas polares.

O tempo gasto nesse procedimento depende inteiramente de cada pessoa e da sua capacidade de canalizar e integrar as energias. Se a mente se anuviar com pensamentos, ou se emoções se manifestarem tornando difícil a concentração na respiração, remova delicadamente as Principais Pedras Energizantes e conclua a iniciação por esta vez. Isso pode significar que é necessário passar por mais sessões de cura com cristais ou dedicar mais tempo aos estágios preparatórios.

Durante o tempo em que a pessoa está se concentrando na circulação da respiração, o praticante voltará a usar o bastão de Selenita na mão direita. Acompanhando a respiração da pessoa o bastão é movido a quinze centímetros do seu corpo, da Estrela da Alma para a Estrela da Terra, e desta de volta para a primeira. Em outras palavras, enquanto a pessoa está inalando, o praticante traça linhas de energia subindo pelas pernas, pela linha central do corpo e sobre o rosto a fim de conectá-las com o ponto da Estrela da Alma acima do alto da cabeça. Quando ela está expirando, o praticante percorre a aura com o bastão de Selenita, descendo pela cabeça, pela linha central, chegando às pernas e aos pés, até tocar a pedra de Hematita no ponto da Estrela da Terra. Esse movimento continua até que linhas claras de energia tenham sido estabelecidas entre a Estrela da Alma e a Estrela da Terra (em geral, um período entre cinco e dez minutos). Em seguida, com a linha final de energia, o bastão de Selenita é colocado no triângulo de pedras de hematita formado entre os tornozelos e o ponto da Estrela da Terra, com a ponta tocando a pedra inferior de Hematita.

O praticante deve em seguida observar a respiração da pessoa e assegurar-se de que ela permanece estável, plena e completa. Em nenhuma circunstância ela deve tornar-se superficial ou leve. Se isso acontecer, diga à pessoa para respirar profunda e completamente. Se necessário, estabeleça uma comunicação verbal e pergunte o que lhe está acontecendo no íntimo. Se não houver resposta, ou se for difícil restaurar uma respiração plenamente concentrada, remova as pedras, massageie os pés da pessoa atendida e faça que ela abra gradualmente os olhos. Na maioria dos casos, no entanto, o praticante controla o tempo e não permite que a pessoa exceda o limite de 21 minutos.

Encerramento

A pessoa que faz essa iniciação sabe intuitivamente quando obteve o resultado máximo. Se isso acontecer antes dos 21 minutos, ela comunicará o fato ao praticante para que este dê início ao encerramento. Ao terminar o Exercício para a Circulação da Respiração, a pessoa deve concentrar-se simultaneamente na Estrela da Alma e na Estrela da Terra durante ao menos um minuto, enquanto deixa a respiração tornar-se plena e profunda. À medida que essas estrelas polares se alinham e harmonizam, ela volta à respiração normal, relaxada e não concentrada.

O praticante remove as pedras e pede que a pessoa abra os olhos lentamente. Em seguida, o praticante aperta com bastante delicadeza os braços e as pernas da pessoa e massageia os seus pés. Depois disso, coloca uma das mãos no alto da cabeça e a outra no osso púbico da pessoa, deixando-as repousar nessa posição por três minutos. Então, ela deve sentar-se devagar e esfregar ativamente a espinha, de cima para baixo.

É conveniente dar-lhe algo para beber, água ou um chá de ervas. A pessoa e o praticante discutem as experiências e elaboram um plano adequado de manutenção a ser integrado aos quarenta dias que se seguirem ao programa.

A pessoa deve fazer planos para passar um dia ao ar livre, passeando junto à natureza, depois dessa iniciação. É importante que logo a seguir coma proteínas: tofu, grãos ou nozes serão os alimentos mais indicados. Também é bom que o resto do dia (ou da noite) seja um tempo dedicado à assimilação.

Nos dias e semanas que se seguirem ao Esquema das Principais Pedras Energizantes, esteja consciente das mudanças que virão, das mais sutis às mais visíveis. Arranje um tempo para integrar essas mudanças em sua vida. Quanto maior o tempo dedicado à tranquila meditação pessoal, tanto melhor. Também é muito apropriado manter um registro das mudanças que ocorrerem na mente, no coração e no corpo durante esse período.

A coisa mais importante a ter em mente na execução dessa técnica avançada é o fato de se estar tentando criar as circunstâncias de vida necessárias à obtenção de um estado de paz e de plenitude no próprio íntimo. É preciso, em primeiro lugar, atenção concentrada no eu e, à medida que cada vez mais pessoas chegarem a uma relação harmoniosa e alegre com a criação, surgirá uma consciência coletiva que irradiará para o mundo uma nova frequência que só poderá criar mudanças globais positivas.

Todos nós estamos no processo de iniciação pessoal. Esse processo pode ou não tomar a forma do Esquema das Principais Pedras Energizantes. Não é isso o que importa. O fato crucial na nossa época é convidar o corpo de luz a morar permanentemente no corpo físico. Neste ponto do tempo, há necessidade de um compromisso votado a esse processo. É imprescindível que cada pessoa dê prioridade, da forma como puder, à integralidade pessoal e, em seguida, aja fisicamente para recriar a vida de uma maneira que irradie amor, paz e alegria. Já não é mais suficiente apenas sentar-se, rezar, visualizar e afirmar alguma coisa, embora isso também seja importante; as intenções positivas têm de ser convertidas em ações reais no mundo exterior. Logo, todas as pessoas terão o poder de manifestar as coisas que sabem, no fundo do seu ser, serem possíveis. Podemos diminuir a falha na camada de ozônio, alimentar os famintos do mundo, acabar com a ameaça de uma guerra nuclear e curar o meio ambiente. Se pudermos pensar isso, sentir isso, visualizar isso e, o mais importante, saber disso e ser isso, todas as coisas serão possíveis.

Parte III

OS CRISTAIS MESTRES

Introdução aos Cristais Mestres

Os seis primeiros Cristais Mestres foram descritos em *As Propriedades Curativas dos Cristais e das Pedras Preciosas*. Desde que terminei esse livro, descobri outros seis e escrevi sobre eles, perfazendo um total de doze Cristais Mestres. Todos eles são cristais de Quartzo e ligam a luz branca ao plano físico. Cada um dos Cristais Mestres demonstra princípios específicos, transmite conceitos poderosos e a essência de uma verdade divina. Alguns dos Cristais Mestres têm estruturas geométricas específicas, formando ângulos nas facetas de terminação que podem ser interpretados simbólica e numerologicamente. Alguns têm características menos definidas. A semelhança entre eles é que todos são "mestres" por direito e estão aqui como professores para a nossa consciência em evolução. O conhecimento do modo de reconhecê-los e usá-los indica que estamos prontos a aprender os ensinamentos que eles têm a oferecer à humanidade.

Sinto-me feliz por apresentar os últimos seis Cristais Mestres. Sua utilidade e suas mensagens são variadas, mas todos eles indicam a mesma direção, o cerne da verdade. O Cristal Dow transmite a pura essência da Consciência Crística. Os Gêmeos Tântricos nos ensinam a nos harmonizar com o nosso próprio eu superior, bem como com o dos outros. O Cristal Ísis transmite os segredos da autocura e os mistérios da feminilidade. Os Cristais *Cathedral Lightbraries* são bancos de dados abertos nos quais o conhecimento divino pode ser programado e passado para a nossa consciência. Os Templos Dévicos são os veículos através dos quais devas desencarnados podem indiretamente nos guiar no caminho espiritual. E por último, mas não menos importante, o cristal *Time Link* nos ajuda a dissolver a ilusão do tempo linear de tal maneira que as contribuições que a nossa alteridade tenha a oferecer possam ser distribuídas na vida presente. Use esses cristais com o maior respeito e consciência. Eles estão aqui como uma dádiva e uma bênção para os que querem ser orientados no aprendizado de seus ensinamentos sagrados.

Capítulo 9

O CRISTAL DOW

O Cristal Dow foi brevemente mencionado em *As Propriedades Curativas dos Cristais e das Pedras Preciosas*, p. 276. Esse cristal especializado manifesta uma geometria perfeita com suas seis facetas; a terminação alterna-se entre triângulos e facetas de sete lados. Ele é uma combinação do Cristal Canalizador e do Cristal Transmissor (ver *As Propriedades Curativas dos Cristais e das Pedras Preciosas*, pp. 263-76). O triângulo que marca a face posterior do Cristal Canalizador é o mesmo do centro do Cristal Transmissor. Incorporando as qualidades de ambos, o Cristal Dow pode ser usado para expressar a verdade interior mais profunda e também como um cristal capaz de receber, conter e projetar informação programada. Quando o primeiro trabalho com o Cristal Dow foi feito, ele era raro e difícil de encontrar. Agora, parece que há maior abundância desses Cristais Mestres, e é bom que seja assim, porque eles servem para uma grande finalidade nas transmissões cristalinas.

Antes de dar mais informações sobre os Cristais Dow, quero dar crédito e agradecer à minha velha amiga Jane Ann Dow por seu contínuo apoio e ajuda na obtenção de informações sobre esses cristais geometricamente perfeitos. A sintonização de Jane Ann com os Cristais Dow (que têm esse nome em sua homenagem) foi essencial para eu apresentar aqui todo o espectro da sabedoria referente à sua finalidade e utilização.

Significado numerológico e geométrico

Os Cristais Dow têm uma finalidade ainda maior do que a dos efeitos combinados da canalização e da transmissão: ela pode ser descoberta quando se presta mais atenção ao seu significado numerológico e geométrico. As faces que representam a terminação de um Cristal Dow são todas triangulares ou têm sete lados. O número 7 é símbolo da verdade interior última, atingida quando a pessoa contempla o cerne do seu eu. O três representa a trindade e a expressão e manifestação dessa verdade interior. Se adicionarmos as três faces de sete lados aos três triângulos, obteremos o total de trinta (7 × 3 mais 3 × 3). Trinta é um três seguido de um círculo, o que numerologicamente pode ser reduzido a um único três. Trinta significa a trindade no constante movimento de um círculo. O círculo contém tudo o que vem a existir no ciclo da criação: a totalidade da expressão, de alfa a ômega, da vida à morte e ao renascimento. O número 30 pertence diretamente à roda da vida em todos os seus variados aspectos. Isso significa, no que se refere ao trabalho com o Cristal Dow, que todas as facetas do nosso ser e da nossa vida podem ser positivamente afetadas. Reduzindo-se o número 30 a um 3, todos os relacionamentos pertencentes a "uma trindade" são influenciados pelo Dow. Isso pode associar-se com o corpo, o coração e a mente, ou com a consciência, a subconsciência e a supraconsciência, ou ainda com os chakras inferiores, superiores e transpessoais.

De todos os cristais de Quartzo, o Dow é o que demonstra ter a mais perfeita geometria. Seu padrão simétrico é único entre os modelos cristalinos. Ele traduz a realidade da perfeição espiritual em forma

O Cristal Dow.

material através dos ângulos que compõem as suas facetas. Reconhecer a perfeição no reino mineral através do Dow nos ajuda a aceitar a possibilidade de que também manifestemos fisicamente esse estado de integridade, de unidade, de equilíbrio e de ordem. O Dow também faz outra afirmação. Ele transmite a mensagem de que, antes de podermos manifestar essa divindade (os triângulos), devemos primeiro estabelecer contato com a nossa verdade interior (os heptágonos). Entretanto, há arraigado em nós um conceito básico limitador que precisa primeiro ser reprogramado. Esse antiquíssimo programa data do tempo em que a Igreja Católica Romana canonizou a Bíblia. Nos documentos originais relativos à vida de Jesus Cristo só restaram informações fragmentadas, as que melhor serviam às ambições da Igreja. Foram excluídas da doutrina informações valiosas como as referentes à reencarnação e ao fato de que somos todos candidatos à condição crística.

Redefinindo nossa consciência crística

Não resta dúvida de que Jesus Cristo foi um ser perfeito (bem como outros mestres e santos que viveram na Terra). A vida de Jesus Cristo é um exemplo do amor incondicional. Estou certa de que os seus doze chakras foram ativados e trabalharam na mais perfeita ordem. De que outra maneira ele teria podido fazer os milagres e as curas que fez? Ele viveu a realidade das Transmissões Cristalinas e tentou ensinar aos outros a fazerem o mesmo. Podemos continuar estabelecendo relações se observarmos uma das mais famosas afirmações de Jesus: "Eu e meu Pai somos Um". É óbvio que ele era um com a sua fonte, que nesse contexto é definida como "pai". Pela ativação dos três chakras transpessoais, cada um de nós também pode tornar-se um com essa mesma fonte. Com a ativação simultânea do Chakra da Terra, a condição crística é alcançada, e a manifestação de milagres e de curas pode ocorrer num nível coletivo.

A Consciência Crística está bastante associada com o corpo de luz e a Estrela da Alma. É nesse chakra que a essência universal, onipresente e onipotente do Portal Estelar se torna individualizada no iluminado "Eu-Cristo". A Estrela da Alma transmite essa energia cósmica à Consciência Crística, para que ela seja levada diretamente ao coração da humanidade. Assim como Jesus Cristo foi o mensageiro desse estado de ser neste planeta, também nós o podemos ser. Jesus viveu no início da Era de Peixes e serviu como um exemplo singular da realidade das transmissões cristalinas. Agora, mais de dois mil anos depois, quando estamos prestes a entrar na Era Dourada de Aquário, essa realidade cristalina se torna possível para as massas. Esse é o verdadeiro significado do "segundo advento de Cristo". É no santuário interior do nosso coração que a Consciência Crística, concretizada na Estrela da Alma, encontra plena expressão no milagroso poder do amor. À medida que a Consciência Crística é ressuscitada dentro de nós, o renascimento de uma consciência espiritual total acontece no terceiro olho e o plano perfeito de Deus é revelado. Com a integração do corpo de luz ao corpo físico, o Cristo vivo se manifesta nas gloriosas criações da nossa vida.

O Cristal Dow, em seu estado de perfeição, é a mais valiosa ferramenta com que podemos trabalhar para a concretização da Consciência Crística nesta Terra. Já estamos familiarizados com a Selenita, que ativa o corpo de luz no Chakra da Estrela da Alma. Entretanto, a Selenita se limita ao processo inicial de ativação e trabalha primariamente no reino da luz. O padrão geométrico perfeito do Cristal Dow se equipara à frequência de vibração do estado puro da Consciência Crística. Contudo, o Dow é um cristal de Quartzo e está plenamente associado com a terra e os seus elementos. Composto do dióxido de silício da própria terra e da pura luz branca, ele tem a capacidade única de transmitir a essência desse estado transcendental da Consciência Crística à trindade mente-coração-corpo. Devido à energia circular inerente que existe nele (o 30), o Dow pode equiparar-se à energia rotativa em espiral do vórtice de cada chakra e transmitir a Consciência Crística a todos os centros de energia. Sendo uma luz terrena que vibra na frequência de Cristo, ele também ajuda bastante na integração e na assimilação dessa energia na Terra.

A manifestação da Consciência Crística é a expressão definitiva do céu na Terra, a fase final das Transmissões Cristalinas. À medida que os dogmas cristãos são revistos e reprogramados para incluírem toda a humanidade, a realidade da Consciência Crística pode se desenvolver em nossa vida e em nossa Terra. Não existe apenas um filho de Deus. Todos nós somos filhos e filhas da nossa fonte original. Todos somos capazes de viver de acordo com as leis espirituais do amor incondicional, tal como nosso irmão de alma, Jesus. Os Cristais Dow estão aqui para nos ajudar a viver na perfeição ao transmitirem a essência do espírito à realidade da Terra e ao que pode ser visto, tocado, sentido e compreendido.

Trabalhando com Cristais Dow

Embora você encontre um Cristal Dow com as faces se alternando entre heptágonos e triângulos, alguns deles serão predominantemente Cristais Canalizadores com uma das faces de sete lados com largura excepcional. Outros terão predominantemente características de Cristais Transmissores, com um grande triângulo ladeado por dois grandes heptágonos, enquanto as faces restantes são menores. Quando se praticam os exercícios e meditações seguintes, é mais eficaz usar Cristais Dow com faces simétricas planas. Em outras palavras, é melhor usar cristais em que todas as faces de sete lados tenham o mesmo tamanho e todos os triângulos, a mesma proporção.

O Cristal Dow é um excelente companheiro para a meditação e pode ser mantido na mão esquerda durante o tempo tranquilo dedicado à interiorização, no intuito de transmitir à consciência impressões semelhantes à Consciência Crística. Quando estamos deitados, o Dow deve ser colocado acima do alto da cabeça, na área da Estrela da Alma, com a ponta virada para o corpo a fim de integrar a luz de Cristo à consciência. Como o Dow mantém um padrão de perfeição com a sua geometria sem jaça, é extremamente útil usar esse Cristal Mestre no processo consciente de reprogramação mental. Ele pode ser usado junto com uma Cianita no Chakra Causal para se ter a certeza de que os pensamentos e conceitos recém-formados vão manter a integridade de uma pureza semelhante à de Cristo. Também é possível colocar o Cristal Dow em qualquer um dos Chakras, do da Coroa ao da Raiz, para transmitir esse padrão de excelência às características individuais de cada centro de energia.

Mantendo a perfeição imaculada do padrão de luz, o Cristal Dow serve como uma tremenda ajuda na cura do Chakra do Coração. Toda a dor armazenada no coração e no plexo solar pode ser transmutada se experimentamos uma única vez o amor divino. Quando isso acontece, é semeado no coração um profundo conhecimento interior, do qual florescem a aceitação e a compreensão do plano divino. Vivenciar a Essência Divina em nosso coração, mesmo por um breve momento, lança o alicerce sobre o qual pode ser construído o amor incondicional. O Cristal Dow é como um espelho que reflete a perfeição. Ele pode ser usado na cura com cristais nas áreas do coração e do plexo solar, para dar à natureza sentimental do Chakra do Coração um novo modelo.

Muitas vezes, grande parte da dor que estamos sentindo se origina fora de nós, pois nos identificamos abertamente com o sofrimento dos outros e com as dores do mundo. O Cristal Dow é uma companhia forte para usarmos enquanto nos divorciamos conscientemente da dor dos outros. Isso não significa que perdemos a solidariedade, mas que a dor exterior dos outros não é tomada como nossa. Esse é um passo necessário no processo das Transmissões Cristalinas. Se reconhecermos verdadeiramente nossa perfeição e vivermos de acordo com as leis do amor, não haverá lugar para o medo, a raiva e a dor. É verdade que a dor é um grande mestre, mas em alguma ocasião teremos de nos elevar a um nível superior de compreensão. Em última análise, a dor nos ensina que podemos, de fato, viver sem ela. Por meio de um trabalho dedicado com o Cristal Dow, desenvolve-nos um entendimento que nos permite saber que, em essência, tudo existe num estado de perfeição. Esse conhecimento muda a realidade da dor e produz uma mudança na consciência que altera nossa relação com o sofrimento. O Cristal Dow nos ajuda na identificação com a perfeição, e a nos tornarmos perfeitos, em vez de vivermos com a dor.

A Malaquita é uma pedra poderosa para se trabalhar com o Cristal Dow durante esse processo (veja Malaquita, em *As Propriedades Curativas dos Cristais e das Pedras Preciosas*, pp. 156-59). Ela é uma pedra que tem a capacidade de trazer à tona sentimentos reprimidos da área do plexo solar. Dessa maneira, é uma pedra de movimento. Para haver mudança e alinhamento com o que é eternamente verdadeiro, tem de existir movimento. Quando você estiver separando a sua dor da dos outros, a Malaquita revolverá a panela, por assim dizer, de forma que você possa discernir o que é seu e o que não é. Quando usamos essas duas pedras em curas, o movimento aleatório de emoções catalisadas pela Malaquita é trazido à ordem perfeita pelo Dow. Quatro pequenos geradores Dow podem ficar ao redor da pedra de Malaquita no plexo solar, ou, logo que as emoções vierem à tona, a Malaquita pode ser removida e substituída por um Cristal Dow. Depois da cura com cristal, a pessoa deve ficar de pé, enquanto o praticante passa o Cristal Dow pela sua aura, da Estrela da Alma à sola dos pés. Dessa maneira, o campo de energia fica impregnado com o padrão da perfeição. Esse é um exercício que não precisa limitar-se às curas com cristais; ele pode ser praticado com outra pessoa sempre que surgir a necessidade de se criar um maior sentido de harmonia e de ordem.

A Meditação da Pirâmide de Cristal

Ao segurarmos o Cristal Dow virado para baixo em determinado ângulo, e olharmos por uma das faces de sete lados para o triângulo na parte posterior do cristal, ocorre um fenômeno. Podemos ver uma pirâmide tridimensional de luz que existe dentro do cristal.

Nas antigas civilizações, as pirâmides eram estruturas geométricas perfeitas, construídas neste planeta por raças evoluídas para atraírem energia cósmica para a Terra (veja Estrela da Terra, p. 43). Podemos testemunhar uma perfeição arquitetônica quando observamos uma pirâmide. Vemos os quatro cantos enraizados na terra e o ápice lançando-se ao céu. A pirâmide de luz que mora dentro dos Cristais Dow mais uma vez transmite à nossa consciência o padrão perfeito, não só da luz, mas da possibilidade de ela se manifestar em forma tridimensional.

Os seres humanos são criaturas sensíveis. Aprendemos com nossas experiências e com nossos sentidos. Como podemos aprender a existir na forma e a manter ao mesmo tempo esse padrão perfeito de luz? Experimentando-o. A Meditação da Pirâmide de Cristal destina-se a nos proporcionar a experiência dessa perfeição da luz e da forma unificadas, através da qual podem ser encarnadas a harmonia e a ordem. Uma vez feita a experiência, temos um ponto de referência e podemos recriar mais facilmente essa realidade. Se a sentirmos por tempo suficiente, logo seremos capazes de nos identificarmos com ela e, dentro de pouco tempo, isso se tornará uma reação e um modo de ser automáticos.

Nessa meditação, a sua consciência de fato entrará na pirâmide de luz dentro do Cristal Dow. Sente-se numa posição confortável, com as pernas cruzadas e a coluna ereta. Imagine que você é uma pirâmide: o alto da sua cabeça é o ápice da pirâmide, e as suas nádegas e as pernas cruzadas formam a base. Estabeleça essa imagem e a mantenha durante toda a meditação. Segurando o Dow na mão esquerda, formando um ângulo descendente, olhe fixamente para o triângulo do lado oposto, por uma das faces de sete lados. (Nota: quanto maior o triângulo da parte posterior, tanto maior a pirâmide.) Enquanto se concentra plenamente, deixe que a sua consciência percorra o corpo do Dow e penetre na pirâmide de luz. Uma vez dentro, mantenha uma tranquila presença silenciosa. Apenas seja receptivo e deixe que a essência do Dow seja impressa na sua aura. Não tente definir a experiência com a mente nem controlá-la com os sentimentos. Apenas "seja" dentro da pirâmide iluminada e deixe esse padrão perfeito criar sua própria forma. Sinta como é estar em um estado de perfeição e deixe que essa realidade seja transmitida a todas as facetas do seu ser.

Para encerrar esta meditação, traga sua consciência de volta ao corpo e faça algumas respirações longas e profundas. Feche suavemente os olhos e se sinta como a pirâmide de luz que você acabou de experimentar. Sobreponha a imagem da pirâmide de luz ao seu corpo em meditação enquanto se conecta com o seu ápice na coroa e com a base do Chakra da Raiz na terra. Tenha à mão um Quartzo Enfumaçado ou uma Turmalina Negra e substitua o Cristal Dow em sua mão por uma das pedras escuras, para ajudá-lo a assentar as energias.

As Transmissões Cristalinas tornam-se mais fáceis com a prática da Meditação da Pirâmide de Cristal. À medida que o padrão perfeito de luz é integrado ao nosso ser pelo trabalho com o Cristal Dow, a energia crística começa a ser transmitida através de nós. Então, quando entram em contato com nossos "Dows" pessoais (nosso padrão de perfeição), as pessoas são influenciadas de algum modo positivo, imperceptível e subconsciente, ou profundamente direto e evidente.

Capítulo 10
OS GÊMEOS TÂNTRICOS

A natureza dos relacionamentos está mudando de forma drástica nestes dias e nesta era. O "modo tradicional" não é mais aceito pelas massas. O número crescente de divórcios, de pais e mães solteiros, de relacionamentos homossexuais, de relacionamentos abertos e de várias outras formas de relação indica que o modelo habitual da Era de Peixes está se alterando a fim de atender às necessidades de um novo amanhã. Estamos em meio a essa transição, e é como se as energias de Shiva, de Kali ou de Pã tivessem resolvido agitar todas as coisas e criar o caos do qual uma nova ordem de relacionamentos possa surgir.

No meio dessa mudança nos chega outro Cristal Mestre, que apresenta as chaves para descerrar os segredos do "relacionamento perfeito" e da verdadeira união. Os Gêmeos Tântricos, pela própria qualidade do seu desenho e estrutura, transmitem a sabedoria tão vitalmente necessária à vida nesta época para nos ensinar o "novo modo" de criar tanto o relacionamento com nós mesmos como o relacionamento com os outros. À medida que as energias cristalinas dos Gêmeos Tântricos são assimiladas por nossa aura, tornamo-nos capazes de criar uma nova forma de vínculo, compatível com a ordem divina da Era Dourada de Aquário.

Características estruturais dos Gêmeos Tântricos

Em *As Propriedades Curativas dos Cristais e das Pedras Preciosas* conhecemos o gerador singular, que tem apenas uma terminação, e o agregado, em que muitos cristais com uma só terminação compartilham uma base comum. O gerador singular simboliza a individualidade, e os agregados exemplificam a comunidade desenvolvida. Os Cristais Gêmeos Tântricos formam uma espécie peculiar. Eles se associam com os relacionamentos pessoais e com a união harmoniosa de dois indivíduos separados, mas intimamente ligados. Os Gêmeos Tântricos compartilham uma base comum e, no entanto, têm duas terminações distintas no ápice. Essas terminações podem ou não ter a mesma altura, mas o importante é o emparelhamento de pontos individuais.

Outra característica particularmente bela muitas vezes (mas não sempre) é exibida pelos Gêmeos Tântricos. Nos pontos de encontro dos cristais individuais podem se formar brilhantes arco-íris fluorescentes. O que poderia representar melhor a união harmoniosa do que a interação prismática da luz e da cor num iridescente arco-íris? Esses cristais com arco-íris transmitem, mais do que os outros, uma sensação de júbilo, revelando os muitos raios e modos que podem colorir um relacionamento.

Traduzindo o verdadeiro tantra

Tantra significa união ou fusão harmoniosa de energias. No trabalho com os Gêmeos Tântricos, isso pode significar várias coisas. Em primeiro lugar, o mais importante relacionamento é o que se tem consigo mesmo. O modo como nos sentimos e nos relacionamos com o nosso ser interior se reflete em todos os outros relacionamentos que tivermos,

Os Cristais Gêmeos Tântricos.

especialmente com o sexo oposto. Homens e mulheres são energias polares que projetam um no outro as inseguranças e defeitos pessoais. Se estivermos num estado de equilíbrio interior, poderemos encontrar a unidade com outra pessoa. Caso contrário, projetaremos constantemente nossa própria disposição de espírito no outro.

Duas terminações diferentes estão juntas no Cristal Gêmeos Tântricos. Isso simboliza um importante ensinamento. Se de fato os Gêmeos Tântricos contêm os mistérios da ligação divina com o outro, torna-se claro que cada pessoa primeiro precisa estar alinhada com a própria fonte. Esses Cristais Gêmeos imprimem em nós a necessidade de cada uma das extremidades isoladas alcançar o próprio ápice de perfeição. Da mesma forma, ao se buscar uma verdadeira parceria com outra pessoa, é vital que primeiro seja estabelecida a sintonização pessoal com a própria essência interior.

A maior união tântrica é aquela em que a alma forma unidade com o espírito infinito. A primeira tarefa dos Gêmeos Tântricos é ajudar cada pessoa a estabelecer esse estado primal de unidade. Nesse sentido, as terminações duplas representam a alma fundida com a Essência Divina. O grau de integridade desse relacionamento básico determina a nossa relação exterior com todas as outras pessoas. Assim que estabelecermos um verdadeiro tantra com a nossa fonte, não poderemos ignorar que todas as outras pessoas, apesar das diferenças aparentes, também têm como fonte a Essência Divina. Qualquer Cristal Gêmeos Tântricos transmite as energias necessárias para ajudar as pessoas a formarem a integridade primal no relacionamento vital entre alma e fonte.

O segundo estágio da união tântrica se passa no âmbito do relacionamento interpessoal. Tão logo se obtém a união pessoal com a fonte, é possível atrair outra pessoa que também esteja sintonizada com a sua própria essência. Os semelhantes se atraem, e esse tipo de relacionamento pode ser considerado o de almas gêmeas. Seja o relacionamento heterossexual, homossexual ou não sexual, a semelhança comum é que se destaca. Quando duas almas estão em harmonia com o eu, a união tântrica pode acontecer entre elas. Isso significa que, através da troca mútua de energias, elas podem facilitar, uma para a outra, uma maior união com a Essência Divina. Nesse caso, as duas pessoas se tornam espelhos recíprocos do espírito infinito e ocorre um romance divino.

O coração do tantra é sentido quando se está sintonizado com a divindade interior e se reconhece essa divindade dentro da outra pessoa. Quando isso ocorre, há um conhecimento direto que transcende o pensamento ou as palavras. Quando se está totalmente presente ao espírito infinito interior, ao mesmo tempo que se está em sintonia com a essência interior de outra pessoa, são transcendidas as dimensões do tempo e do espaço e cada pessoa é transportada para o coração do criador. Perder o nosso eu, na eternidade do momento com outra alma, é a experiência pela qual vale a pena viver.

Os Gêmeos Tântricos mais adequados ao uso em dupla são os que têm ambas as pontas da mesma altura. É ainda melhor se ao menos uma das faces de cada cristal compartilha os mesmos ângulos. Por exemplo, se houver triângulos ou configurações com sete lados em cada uma das pontas isoladas, os efeitos serão amplificados. Trabalhar com Cristais Gêmeos Tântricos que manifestem arco-íris fluorescentes também é ideal para se criar uma ligação anímica mais forte com outra pessoa.

O estágio seguinte no tantra é descobrir o estado de unidade com todas as pessoas e coisas. Isso não significa que a outra pessoa ou coisa tenha necessariamente o mesmo estado de consciência que você. Entretanto, implica que, através da conexão absoluta com a Essência Divina, seja encontrada a unidade em todas as outras formas que se originem da mesma fonte primordial. Isso pode aplicar-se ao músico com a música, ao artista com a arte, às pessoas que vivem ao ar livre com a natureza, ao professor com o aluno, à mãe com o filho, aos sócios de um negócio, ou a qualquer número ilimitado de relacionamentos que podem ocorrer na vida. Assim que se estabelece a relação primária com a fonte, é só uma questão de tempo a ocorrência de uma experiência tântrica com a própria vida.

Nesse tipo de unificação geral dos relacionamentos, podem ser usados Gêmeos Tântricos cujas terminações tenham alturas diferentes. Ainda melhores são os Cristais Gêmeos Tântricos cujos cristais isolados tenham características e finalidades individuais, tal como um Cristal Tabular unido a um Cristal Transmissor (veja *As Propriedades Curativas dos Cristais e das Pedras Preciosas*, pp. 82-4, 271-76).

Redefinindo o relacionamento perfeito

O modo como nos inter-relacionamos obviamente terá de ser recriado se quisermos gozar de paz neste planeta. Em uma escala global, ainda não "amamos nossos vizinhos estrangeiros como a nós mesmos". Talvez isso aconteça por não sabermos amar totalmente a nós mesmos; sendo assim, como poderemos amar de fato alguma coisa que existe fora de nós? O sistema estabelecido no mundo encoraja a competição, e cada um, consciente ou inconscientemente, tenta provar que é melhor que os outros. Esse padrão competitivo amplia o cisma da separação e nada mais é do que reflexo da alienação que há dentro da nossa própria alma. O ponto máximo disso é que nos tornamos tão separados da nossa própria fonte que esse estado de ser se manifesta em todos os nossos relacionamentos, dos mais pessoais à política internacional.

Outra expressão da separação da fonte pode ser testemunhada na interminável busca de segurança fora de nós mesmos, isto é, em outras pessoas. Os que estão envolvidos nos relacionamentos muitas vezes dependem da outra pessoa para se sentirem amados e dignos de amor. O profundo vazio que existe em nosso íntimo constantemente volta a nossa atenção para fora, para nosso parceiro, esperando que ele preencha esse vácuo interior. Esse vazio existe unicamente porque nos alienamos da nossa fonte. Essa é uma das principais razões por que a promiscuidade sexual domina o mundo ocidental. Por um breve momento, podemos encontrar a união temporária dos corpos físicos, mas os encontros sexuais muitas vezes nos deixam com a sensação de solidão maior e com o desejo de união ainda maior, a menos que tenha acontecido uma união nos reinos pessoais interiores.

É preciso que cada pessoa mergulhe no buraco negro de sua solidão para romper os grilhões da ilusão baseada em falsas seguranças. Temos de estar dispostos a olhar diretamente para o espelho da alma para descobrirmos o único lugar onde habitam a verdadeira segurança pessoal e a estabilidade. Fazer essa jornada pode ser um empreendimento aterrorizador. Significa que todos os velhos hábitos que nos mantinham temporariamente em papéis e relacionamentos serão submetidos ao teste da fonte. É preciso coragem para olharmos no espelho da alma e nos modificarmos, bem como aos nossos relacionamentos, a fim de termos um maior sentido de autoconfiança e autossuficiência emocional. Só indo ao âmago dessa solidão, podemos alinhar-nos com a própria essência da vida. Contudo, esse é o único modo que existe de nunca mais nos sentirmos solitários ou sozinhos.

A união com o espaço dessa fonte nos leva além da identificação única com o corpo, a mente, as emoções, a personalidade e o ego, a Terra, a galáxia, ou o tempo e o espaço. Ela nos faz até mesmo transcender a identificação com a nossa alma, levando-nos à conexão íntima com a indefinível e intangível essência da vida. Somente aí descobriremos a verdadeira segurança, já que a Essência Divina em nosso interior é a única coisa de que podemos de fato depender durante toda a eternidade. Algo menor do que um relacionamento sintonizado com essa Essência Divina está fadado a criar uma eventual sensação de solidão. Na verdade, qualquer coisa menos do que isso em algum ponto desaparecerá.

A primeira fase do desenvolvimento de um "relacionamento perfeito" é ter a coragem de explorar o próprio sentido interior de separação e de preencher o vazio com a segurança da fonte. A segunda fase ocorre naturalmente quando esse espaço vazio é nutrido e impregnado com o incrível amor incondicional que brota dessa mesma essência. Tendo um firme alicerce interior de segurança e de amor-próprio, não mais precisaremos buscar fora de nós o que nunca poderá ser encontrado aí. Então, e só então, poderemos desenvolver um "relacionamento perfeito" com os outros.

Nesse ponto, só podemos imaginar como os relacionamentos de fato serão quando tivermos estabelecido a base do "relacionamento perfeito". Entretanto, podemos ter certeza de uma coisa: haverá certas características necessárias a todos os encontros bem-sucedidos, a curto ou a longo prazos. A vulnerabilidade será, sem dúvida, apenas um dos muitos resultados da segurança pessoal e do amor-próprio. Se temos medo de ser magoados ou rejeitados, ocultamos nossos verdadeiros sentimentos, usamos uma falsa máscara, empunhamos um escudo e criamos barreiras emocionais. Quando existe autoconfiança íntima, automaticamente desejamos compartilhar nossa personalidade com honestidade, franqueza e abertura. A expressão honesta cria uma atmosfera onde não existem preconceitos e pode haver confiança. A confiança leva a uma comunicação e a uma unidade maiores. Quando essas virtudes estão presentes em um relacionamento, pode-se compartilhar um raro e maravilhoso amor. Essa refinada qualidade de amor vai inspirar, honrar e apoiar quaisquer mudanças que tenham de ocorrer no relacionamento, o que levará cada pessoa a expressar mais plenamente a sua Essência Divina. O compromisso com esse tipo de amor incondicional será a base sobre a qual florescerão os casamentos do futuro e da qual poderão nascer novas comunidades.

Trabalhando com os Gêmeos Tântricos

Os Gêmeos Tântricos são entidades cristalinas que transmitem a realidade da unidade. Ao segurá-los, meditar ou dormir com eles, ou tê-los por perto, damos início a uma maior unificação. Isso pode significar maior fusão do eu com a fonte no uso privado, ou, no uso com outra pessoa, a criação de uma relação mais íntima. Os Gêmeos Tântricos são maravilhosos conselheiros matrimoniais e podem ser mantidos na mão por cada cônjuge enquanto se comunicam abertamente sobre assuntos ou problemas da relação. À medida que restauramos o equilíbrio interpessoal, os Gêmeos Tântricos começam a transmitir os segredos da parceria de almas, de como é possível se fundir com o outro sem perder a identidade ou ceder o poder pessoal. Enquanto se usam os Gêmeos Tântricos dessa maneira, convém alisar uma das faces do cristal com o dedo indicador. Este último canaliza as energias do planeta Júpiter, o que irradiará maior sabedoria para a comunicação.

Outro uso excelente para os Gêmeos Tântricos é a harmonização de relações conflituosas, de caráter pessoal ou não. Esse tipo de relação pode ser entre patrão e empregado, artista e agente, irmão e irmã, pai e filho, amigo e amiga, ou qualquer outro número de encontros interpessoais. Se houver atrito ou discórdia, tente trabalhar com os seus Gêmeos Tântricos antes de reagir à situação e de distanciar-se da outra pessoa. Sempre há soluções a serem encontradas, e os Gêmeos Tântricos podem ajudá-lo bastante na descoberta de meios para resolver as discórdias. Enquanto você pensa na outra pessoa e na situação, segure primeiro o cristal na mão esquerda e torne-se receptivo à mútua solução. Em seguida, coloque o cristal junto ao coração e deixe fluir amor autêntico pela pessoa envolvida. Finalmente, coloque o cristal no terceiro olho e fique aberto para receber a sabedoria que lhe permitirá reagir à pessoa e à circunstância a partir do "relacionamento perfeito".

Talvez você também deseje colocar o cristal num lugar especial ou carregá-lo enquanto comunica aberta, amorosa e honestamente à outra pessoa o que está no seu coração e na sua mente. Se a outra pessoa não estiver disposta a se comunicar (ou tiver falecido), programe o cristal para que se desenvolva um relacionamento perfeito e coloque-o num altar especialmente montado para essa finalidade. (Para informações sobre como programar cristais, veja *As Propriedades Curativas dos Cristais e das Pedras Preciosas*, pp. 46-7). Deixe que o Cristal Gêmeos Tântricos permaneça nesse lugar especial enquanto as energias se põem a trabalhar para criar harmonia e equilíbrio. Deixe-o lá até que você consiga o resultado desejado. Ao se programarem cristais que envolvam outra pessoa, é importante localizar a pessoa e a situação unicamente sob a luz do "relacionamento perfeito". Não projete ao cristal sua opinião sobre como a outra pessoa terá de mudar para atender às suas expectativas. Em vez disso, estabeleça um ambiente em que a luz e o amor sejam derramados sobre a situação, para haver melhora de todos os envolvidos, e deixe que a energia dos Gêmeos Tântricos faça o resto.

Iniciações tântricas

Ao trabalharmos com as várias formas da união que os Cristais Gêmeos Tântricos facilitam, podemos executar uma iniciação muito poderosa. Essa iniciação pode ser praticada em particular quando se pretende obter a realização do anseio da alma pela plenitude da fusão com a fonte, ou também pode ser praticada com um ente querido quando se busca a união no nível da alma. Várias energias cristalinas são usadas nessa iniciação. Precisa-se de uma Bola de Obsidiana Negra, ao menos quatro pedras de Quartzo Rosa, um Cristal Janela ou (Cristal Polido Naturalmente) e um Cristal Gêmeos Tântricos para cada participante. (Veja *As Propriedades Curativas dos Cristais e das Pedras Preciosas*, para descobrir os efeitos específicos dos outros cristais usados.) Devido aos fortes efeitos da Obsidiana Negra na mente subconsciente, é obrigatório, antes de praticar essa iniciação, estudar as pp. 111-17 de *As Propriedades Curativas dos Cristais e das Pedras Preciosas* e obter o conhecimento pleno do trabalho com a Obsidiana Negra.

Prepare o ambiente limpando-o, acendendo velas, incenso etc., e assegurando-se da sua privacidade, talvez desligando o telefone e deixando uma placa de "não perturbe" na porta. Sente-se numa posição confortável com as pernas cruzadas e a coluna ereta, e coloque a bola de Obsidiana Negra na sua frente numa estante ou mesa, de preferência à altura dos olhos. Cerque-a com ao menos quatro pedras de Quartzo Rosa (oito pedras seria melhor). Na mão esquerda, segure o Cristal Janela ou coloque a face diamantina no centro do terceiro olho. Na mão direita, segure o Cristal Gêmeos Tântricos junto ao centro do coração. Se duas pessoas estiverem trabalhando juntas, cada uma segurará os cristais apropriados à altura do coração e da sobrancelha, sentadas em frente uma da outra. A Bola de Obsidiana emoldurada pelos Quartzos Rosa ficará entre os parceiros tântricos.

Comece sentando-se em silêncio, com os olhos fechados, e peça proteção e orientação. (Para informações específicas para saber como fazer isso, leia *As Propriedades Curativas dos Cristais e das Pedras Preciosas*, p. 195). Em seguida, abra os olhos e fixe-os na Bola de Obsidiana Negra, enquanto reúne coragem suficiente para mergulhar nas profundezas da sua sensação de solidão. Saiba que o Quartzo Rosa está aí para suavizar o processo enquanto você enfrenta o medo do desconhecido, da morte, do abandono, da traição, da rejeição ou da perda. O Quartzo Rosa permitirá que a segurança interior do amor-próprio e da identificação pessoal com a fonte seja semeada nos lugares em que medos primitivos estão arraigados durante vidas. No terceiro olho, o Cristal Janela permite que a sabedoria da alma seja alcançada enquanto se está no processo de limpar as mentes consciente e subconsciente dos padrões fundamentados no medo. O Cristal Gêmeos Tântricos, no centro do coração, permite que a nova energia da união pacífica seja transmitida para as profundezas do conhecimento do coração. A Bola de Obsidiana Negra leva você, através do "buraco-negro", da solidão à luz da união harmoniosa. Olhe diretamente para a Bola de Obsidiana por um período de sete a onze minutos (não mais do que isso), enquanto a escuridão do medo vem à tona e é dissolvida.

Mesmo que esteja trabalhando com um parceiro, é importante que cada pessoa faça esse estágio inicial de iniciação antes de continuar com a fase seguinte do processo. Essa iniciação pode ser praticada uma vez por semana, até cada pessoa sentir-se bem conectada e segura de si mesma para tentar uma unificação com a outra. Essa iniciação tântrica pode trazer à superfície medos profundamente arraigados, que exigem tempo para serem processados. Se for esse o caso, seja paciente e não volte a praticar essa iniciação até que as sombras dos medos que vieram à tona sejam desfeitas. Saiba que o processo está funcionando maravilhosamente. Sinta-se livre para carregar as pedras de Quartzo Rosa, Cristal Janela e os Cristais Gêmeos Tântricos, durante todo o dia e a noite, enquanto se liberta do medo e transforma a sua insegurança com o amor-próprio e a sabedoria da alma.

Quando os dois parceiros estão prontos e sentem a profunda ligação interior com a sua própria Essência Divina, pode-se praticar a segunda parte dessa iniciação. Arrume o ambiente e coloque a Bola de Obsidiana Negra e o Quartzo Rosa como antes. Ponha o Cristal Janela no terceiro olho, mas, em vez de segurar o Cristal Gêmeos Tântricos à altura do coração, estenda-o com a palma da mão e coloque-o junto ao Chakra do Coração do seu parceiro. Em vez de olhar fixamente para a Bola de Obsidiana Negra, concentre o olhar nos olhos do seu parceiro. Os olhos são as janelas da alma, através das quais você pode ver a verdadeira essência do seu parceiro. Mantenha a posição por um período de sete a onze minutos, enquanto continua a olhar fixamente nos olhos do outro, tentando não piscar. O Cristal Gêmeos Tântricos, mantido no Chakra do Coração do seu parceiro, transmitirá a essência do "relacionamento perfeito", do amor incondicional e do apoio ao seu amado.

Para completar essa iniciação tântrica, abaixe os braços, feche os olhos e retire-se para o santuário interior do seu coração. Sinta-se e seja alimentado não só pelo amor que tem por si mesmo, mas pela afeição e calor íntimos que a outra pessoa acabou de lhe dar. Usando-se os Cristais Gêmeos Tântricos dessa maneira, pode-se criar uma incrível intimidade e uma ligação de almas. O resultado é um aumento da compreensão e do apoio da essência da outra pessoa, o que faz o amor incondicional encontrar um lar nesse relacionamento.

Capítulo 11
O CRISTAL ÍSIS

Se pesquisarmos por toda a história planetária em busca da verdadeira herança da nossa alma, não poderemos dar a devida atenção à sabedoria que nos é ofertada pelos nossos antigos antepassados egípcios. O grande legado egípcio nos dá valiosas e pertinentes revelações sobre as raízes de nossas origens humanas, embebidas no passado.

O Egito é tão antigo quanto qualquer civilização de que possa haver vestígios no planeta hoje. Sua origem ainda não foi firmemente estabelecida pelos arqueólogos e egiptólogos. No entanto, aqueles que tiveram o véu da recordação erguido da sua consciência reconheceram de modo empírico que o Egito foi fundado pelos sobreviventes da civilização de Atlântida.

O reino egípcio sobreviveu aos testes do tempo através de eras. Os gregos e os romanos absorveram muito do rico legado cultural do Império Egípcio, alterando os temas básicos e os nomes dos deuses e deusas para que se adaptassem ao seu próprio gosto. Mesmo hoje, nossa atenção respeitosa é testemunha de uma das maravilhas fenomenais do mundo preservadas desde aqueles dias, as Grandes Pirâmides.

Vi pessoalmente a grande riqueza desse império e dessa raça poderosos, e me sintonizei com eles em várias viagens por essa terra sagrada. Dediquei muitas horas nos mais antigos templos de cura do mundo, o de Hathor, em Dendera, e o de Ísis, na Ilha de Philae. Com base na minha experiência nesses santuários sagrados, obtive o conhecimento que agora tenho o prazer de oferecer a vocês. Mas antes que eu os apresente ao Cristal Ísis, é importante que vocês conheçam a antiga lenda egípcia da deusa Ísis.

Ísis, em toda a sua glória, é a Mãe do que se define hoje como "Deusa". Ela é personificada como o poder feminino criador que concebe e dá à luz todas as criaturas vivas. Não há lenda em nossa história escrita que supere a sua grandeza. O Templo de Cura de Ísis ainda existe em sua honra. No interior dessas paredes sagradas ela me revelou os segredos da sua existência, que pode ser um bálsamo curador para todos, quer estejam atualmente encarnados num corpo de homem ou de mulher. É no equilíbrio das emoções que os lados masculino e feminino de cada pessoa podem se unir. Ao se aprenderem a perseverança e a compaixão, recria-se o milagre da vida. Com a força feminina, o coração é nutrido e preenchido. Esses atributos, personificados pela deusa Ísis, agora podem ser transmitidos a nós pelo Cristal Ísis.

É outra vez hora de contar histórias; portanto, recoste-se na cadeira, relaxe e divirta-se enquanto compartilho com você a antiga lenda de Ísis. À medida que o faço, deixe que a presença de Ísis o envolva e conforte. Fique aberto à sua essência enquanto ela conta os segredos de como ativar e integrar a força da deusa interior, e de como estabelecer a paz pessoal com o frágil corpo emocional feminino.

A antiga lenda de ísis

Há muitas histórias da criação nas lendas egípcias, mas todas concordam que Rá era a fonte poderosa de toda a vida, cujo símbolo passou a

O Cristal Ísis.

ser o Sol. Sua primeira criação foi Chu, o deus do ar, e a segunda, Tefnut, a deusa da umidade. Chu e Tefnut partilharam um grande amor, e dentro em pouco Tefnut deu à luz gêmeos. A mais nova era Nut, deusa do céu, e o mais velho era Geb, deus da terra. Geb e sua linda irmã Nut descobriram o grande amor e, quando o céu e a terra se fundiram, nasceu Osíris. Depois de uma boa dose de sofrimento, Nut deu à luz um segundo filho, cujo nome era Seth. Pouco tempo depois, Nut deu à luz Ísis e Néftis, para servirem como contrapartes femininas de Osíris e Seth.

Osíris nasceu com uma coroa na cabeça e, sendo nobre e generoso, estava destinado à grandeza. Seth nasceu com a cabeça selvagem de uma besta e era ambicioso, ciumento e cruel. Ele se ressentia por Osíris ter sido criado primeiro, pois sabia que o filho mais velho herdaria o trono de Rá na Terra. Ísis era valente e personificava os poderes mágicos, enquanto Néftis encarnava as virtudes da lealdade e da gentileza.

Rá e seus filhos Chu e Tefnut, seus netos Geb e Nut, e seus bisnetos Osíris, Ísis, Seth e Néftis são os nove grandes deuses e deusas, e são conhecidos como a Enéade. Rá continuou sua criação e deu vida a muitos outros deuses e deusas. Ele povoou o Céu acima da Terra com espíritos e o espaço abaixo com divindades e demônios menores. Em seguida, criou o homem e a mulher, a pátria egípcia, o Nilo, as estações, os animais e as plantas.

Osíris e Ísis se amaram muito e tinham uma grande camaradagem. Néftis e Seth se casaram, apesar de a natureza gentil e amorosa de Néftis nunca se sintonizar com a natureza animalesca e egoísta de Seth. No devido tempo, Rá ordenou que Osíris e Ísis reinassem no Egito. Osíris foi um faraó gentil e sábio, e ensinou o povo a adorar os deuses, a viver de maneira ordeira e a plantar. Seth foi acometido de ciúme e planejou conquistar o reino do Egito. Ísis nunca confiou em Seth e buscou proteger o marido de sua traição.

Seth fingiu ter se apaziguado, mas em segredo começou a tramar contra seu irmão. Encontrando um grupo de homens ambiciosos para ajudá-lo, esperou pacientemente até surgir uma oportunidade. Ele foi convidado para participar de um banquete no palácio do irmão numa noite em que sabia que Ísis estaria ausente.

No banquete, Seth começou a falar sobre uma magnífica arca que havia sido feita para ele com as mais finas madeiras e mandou buscá-la. Enquanto todos admiravam a manufatura da arca, Seth prometeu dá-la a qualquer homem que coubesse exatamente dentro dela. Naturalmente, nenhum se adaptou de maneira exata ao seu tamanho, pois ela fora projetada e construída por Seth para adaptar-se às proporções de Osíris. Quando, brincando, Osíris por sua vez entrou na arca, a tampa foi batida com violência e aferrolhada. Enquanto os convidados inocentes eram mantidos afastados pelos conspiradores, Seth selou a arca com chumbo derretido e Osíris foi sufocado.

A arca tinha se tornado o esquife de Osíris. Ele foi levado à noite a uma das margens de uma das várias bifurcações do Nilo, onde foi atirado na água para ser levado ao mar e se perder para sempre. Em seguida, Seth anunciou a morte súbita do irmão e se proclamou o novo faraó do Egito.

Quando voltou e ouviu as horríveis notícias acerca do seu amado, Ísis ficou quase louca de pesar e não quis acreditar que algo tão horrível pudesse ter acontecido. Incapaz de suportar a dor de seus próprios sentimentos, ela deixou o reino.

Foi nessa ocasião que Ísis, a grande rainha e deusa do Egito, caiu no poço profundo do desespero emocional, conhecido só dos que tiveram um ente querido morto injustamente. Como podia ela, a primeira deusa criada, e seu gentil e nobre esposo Osíris ter um fim tão terrível? Incapaz de entender a sua vida e o terrível destino que os surpreendera, Ísis buscou refúgio na Ilha de Agilka, onde caiu numa profunda e desesperadora depressão. Foi aí que Hathor, a deusa do amor e da proteção, a encontrou. Ao ver a angústia de Ísis, ofereceu-lhe consolo. Ísis descansou a cabeça no seio de Hathor e sentiu que era profundamente compreendida, protegida e amada. Tirando grande força do amor fraternal de Hathor, ela reconquistou seu poder pessoal e foi capaz de se recuperar e tornar a equilibrar-se, recompondo-se e consolidando suas energias.

Fortalecida pela sua firme determinação, Ísis procurou o corpo do marido assassinado durante um longo tempo, seguindo os boatos sobre seu paradeiro. Recusando-se a desistir, finalmente encontrou a arca dentro do tronco de uma árvore milagrosa. Essa grande árvore havia subitamente crescido na margem do rio para onde o então esquife de Osíris fora carregado pelas águas. O esquife dera forças às raízes da árvore nova. Por um ato de magia, Ísis removeu a arca da árvore e, com a ajuda de amigos, levou-a a um lugar ermo. Então removeu o selo de chumbo e abriu a tampa, descobrindo que o corpo de Osíris não havia se decomposto. Osíris parecia estar simplesmente adormecido. Ísis chorou amargamente, abraçando-o com ternura.

Certa noite, quando Ísis dormia, Seth, que estava caçando por aqueles pântanos, descobriu a arca. Reconheceu-a imediatamente e uma vez mais ficou com medo do poder de Ísis de restaurar Osíris. O cruel deus abriu a arca, retirou o corpo do irmão e cortou-o pelas juntas. Em seguida, espalhou as partes por todo o Egito, considerando que assim Ísis nunca mais poderia recuperá-las. Ao ver a arca vazia, o grito de dor de Ísis foi tão alto que pôde ser ouvido por todo o Egito. Quando o seu grito atingiu os ouvidos de Néftis, esta correu em auxílio da irmã. Apesar de ser a esposa de Seth, ela sempre se sintonizara mais com Ísis e Osíris do que com o marido. Portanto, juntas, as duas irmãs se puseram em busca das partes espalhadas do corpo de Osíris.

Por longos e tristes anos, a fiel Ísis e sua bondosa irmã Néftis percorreram o Egito e, em todos os lugares onde encontravam um pedaço do corpo de Osíris, erguiam um santuário. (Hoje, ainda existem alguns desses templos.) Por fim, os pedaços foram encontrados, exceto o falo, que havia sido arremessado ao mar e fora engolido por uma baleia. Recorrendo ao tio Toth, Ísis realizou a mais poderosa mágica para recompor todo o corpo de Osíris. Combinando a sua magia, Ísis e Toth trouxeram Osíris de volta à vida por uma única e breve noite de amor, em que foi concebido o seu filho Hórus. (Esse ato de magia e de amor aconteceu onde hoje é o Templo de Osíris, em Abidos, um dos mais antigos lugares do Egito.)

E o corpo de Osíris morreu verdadeiramente. No entanto, o seu espírito continuou vivo, e ele foi santificado como o Rei dos Mortos. Tendo conquistado a morte, Osíris exemplifica o destemor da alma imortal para todos os que habitam este mundo transitório. Desde então, acredita-se que, quando morremos, nos encontramos com Osíris. Se tivermos tido uma vida reta na Terra, morreremos para sempre em seu reino eterno.

Há sobre Hórus, o filho de cabeça de falcão de Ísis e Osíris, muitas histórias referentes à sua perigosa infância e à eventual derrubada de Seth, que culminou com sua legítima retomada do trono. As histórias de Hórus e Seth exemplificam a eterna batalha entre o bem e o mal, com a justiça e o uso correto do poder vencendo no final.

O poder da força feminina

O Templo de Ísis original foi construído e reconstruído durante séculos na Ilha de Agilka, onde Ísis encontrou renovada esperança. Esse templo permanece até hoje como um monumento à sua eterna força e poder de equilibrar o corpo emocional e curar o eu. O templo agora foi reativado e está irradiando essas energias à aura da Terra em benefício de todos. (Nota: devido à subida das águas da barragem de Assuã, o Templo de Ísis foi removido da Ilha de Agilka para a Ilha de Philae.)

Ísis personifica o poder da autocura, da força interior, da determinação e da perseverança para atingir a meta final, do poder mágico da renovação da vida e da vitória última da verdade e da justiça. Foi somente com a sua grande força que a história da criação continuou e as forças do mal foram contidas. Ela sentiu a profundidade do sofrimento humano; sua angústia não foi ainda sobrepujada no curso da história.

Na lenda de Ísis, vemos como essa grande deusa entrou no corpo emocional, sofreu uma grande dor e superou a sua provação. Teria sido impossível para ela continuar não fosse o aspecto amoroso de Hathor, que consolou seu coração para que ela pudesse recuperar as forças. Foi na Ilha de Agilka que ela descobriu seu verdadeiro poder e reuniu suas forças para se curar e depois ajudar o marido. Essa é a lição básica que Ísis tem a nos ensinar. Como você se cura das feridas emocionais aparentemente injustas que a vida lhe oferece? Como reconquista a força interior quando se separa de um ente querido, a pior de todas as dores? Como você cura para recriar a vida? Que encanto leva tudo à mais perfeita ordem?

O Cristal Ísis contém os segredos para a cura que deve ocorrer para que a vida seja renovada e a justiça divina realizada. Continue lendo e, à medida que o fizer, invoque dentro do seu próprio ser a essência dessa magia, e saiba que é possível, neste momento, ter curado o seu mais profundo pesar. Em seu tormento, Ísis tornou-se humana. Ela venceu. A essência dessa força de autocura está corporificada numa forma de luz cristalina. Ísis agora compartilhará os seus segredos.

A revelação do Cristal Ísis

Mais uma vez se apresenta a nós um Cristal Mestre que tem ao menos uma das faces manifestando uma forma geométrica específica. (O Cristal Canalizador, o Cristal Transmissor e o Cristal Polido Naturalmente – ou Cristal Janela –, detalhados em *As Propriedades Curativas dos Cristais e das Pedras Preciosas*, também mostraram ter faces geométricas.) A construção angular da face de Ísis é definida e exata quando se examinam as facetas naturais do Cristal de Quartzo de seis lados. O que estamos procurando é uma face com cinco lados na frente do cristal. Tal como acontece com o Cristal Canalizador (veja *As Propriedades Curativas dos Cristais e das Pedras Preciosas*, pp. 263-64), o Cristal Ísis obviamente terá uma parte frontal e outra posterior, ficando a de cinco lados na frente.

O modo como os cinco ângulos se dispõem no Cristal Ísis é único. Existe uma linha de base que se liga com duas linhas que sobem em ângulos ligeiramente desviados apenas para se encontrarem com dois ângulos maiores, que sobem para se reunirem num ponto perfeito. Como em todos os Cristais Mestres com ângulos geométricos específicos, quanto mais simetria houver entre os lados opostos, tanto mais equilibradas serão as energias do cristal. Em outras palavras, um Cristal Ísis ideal é aquele em que as linhas que se estendem da base, bem como as que formam o ponto, têm comprimento igual. Quando isso acontece, o cristal contém maior equilíbrio pessoal. (Veja a foto.)

Importância geométrica

Da linha de base do Cristal Ísis elevam-se dois pares de linhas que alcançam a perfeição final num ponto culminante. Como acontece quando lidamos com duplas, trabalhamos com a polaridade, com dois lados opostos. O Cristal Ísis tem um modo muito especial de equilibrar essas forças, que prevalecem por todo o nosso mundo, quer se trate do dia e da noite, do homem e da mulher, do coração e da mente, da tristeza e da alegria. O Cristal Ísis une esses aspectos aparentemente opostos de uma maneira que traz reconhecimento, equilíbrio, harmonia e perfeição para cada um deles.

As duas linhas inferiores representam as forças contraditórias que a vida oferece para o crescimento experiencial na Terra. Elas são mantidas firmes pela linha de base, que simboliza a dimensão do plano físico. As duas linhas superiores que se encontram num ponto comum dão-nos o segredo da unificação. É apenas quando unimos os aspectos opostos dentro de nós mesmos num todo complementar que o mundo nos devolve essa realidade unificada. O Cristal Ísis é único porque a face de cinco lados conseguiu unir num todo as forças polarizadas, salvando os opostos de um mundo de dualidade. O Cristal Ísis é um poderoso instrumento de cura que transmite o conhecimento de como combinar as forças aparentemente opostas da vida e da morte, da doença e da saúde, da dor e da alegria. Ao fazê-lo, surge um estado de totalidade que abarca todos os elementos da criação.

Para dar um exemplo da ideia de polaridade se unindo, voltemos ao Templo de Ísis. Há um santuário nesse antigo templo especificamente dedicado a Hathor. Hathor é o aspecto fraternal de Ísis, provendo a força protetora do amor que foi um aspecto essencial em seu processo de autocura. No Templo de Ísis também há um santuário dedicado a Imhotep, o arquiteto mestre que projetou e erigiu a primeira pirâmide. Esse arquiteto não foi um faraó, mas seu gênio de astrônomo, médico, arquiteto e sumo sacerdote era reconhecido por todos e levou à sua deificação, equiparando-o a um faraó, ou deus-rei, filho de Rá. No templo de Ísis encontramos homenagens a ambos os gênios, ao da mente, por meio de Imhotep, e ao da força nutridora do amor, por meio de Hathor. Em nosso próprio processo de cura, precisamos tanto da lucidez e da sintonização da mente, que seriam o aspecto masculino, como do cuidado do coração, que é feminino. Para curarmos mágoas emocionais profundamente arraigadas que inibem a nossa totalidade, precisamos equilibrar as forças do coração e da mente, do masculino e do feminino, dentro de nós mesmos. O Cristal Ísis não só representa esse equilíbrio como também é símbolo da nova totalidade que se desenvolve quando forças que parecem contraditórias formam uma unidade complementar.

Simbologia numerológica

A importância do número 5 no Cristal Ísis não pode ser desprezada. Do ponto de vista numerológico, o número 5 representa a realidade do plano físico. Temos cinco dedos em cada mão, cinco dedos em cada pé e cinco sentidos físicos com os quais percebemos o mundo material. Se somarmos as extremidades do corpo, temos dois braços, duas pernas e uma cabeça, totalizando o número 5. Cinco é o número da alma humana quando ela entra no reino da polaridade para viver cada aspecto da criação com as limitações dos cinco sentidos.

O número 5 torna-se o número 6, que representa a responsabilidade familiar e social, o serviço, o amor, a compaixão, a cura e o sexto sentido da intuição. Seis é o conhecimento interior pelo qual as percepções dos cinco sentidos se espiritualizam. O grande desafio que o número 5 oferece é o de abraçar a vida em sua totalidade, em vez de se limitar às percepções dos cinco sentidos. Cinco significa a mediação entre forças opostas, o que requer o entendimento espiritual e o julgamento apropriado dos acontecimentos.

O cinco representa a liberdade através da mudança. Trata-se do ponto fundamental no ciclo entre o um e o dez, quando a alma, agora encarnada numa realidade de polaridade, faz a escolha consciente do modo de viver. Uma das frases-chave relacionadas com o número 5 é "liberdade através da mudança". Nesse contexto, mudança indica duas coisas. Primeiro, significa fazer escolhas conscientes quanto a mudanças de atitude e de estilo pessoal de vida. Também significa uma mudança no modo pelo qual a realidade vem sendo percebida há milhares de anos, com conceitos herdados de separação e de dualidade. A opção é ligar-se ao todo, que abrange todas as partes. A disposição de mudar permite maior entendimento do plano divino para o desenvolvimento. O número 5 representa a decisão consciente de levar a vida de acordo com as leis espirituais, em vez de limitar-se às exigências do plano físico. Se tivesse aceitado a morte de Osíris e não buscasse a coragem de tentar modificar as situações, Ísis teria ficado presa em seu sofrimento humano para sempre. Se tivesse aceitado que a morte era o fim da vida para Osíris, seu filho Hórus, o doador da luz e da justiça, nunca teria sido concebido. A disposição de Ísis e a sua coragem de modificar sua vida foram fatores essenciais para o seu processo de cura pessoal e para a realização do seu destino.

O Cristal Ísis, também conhecido como o Cristal da Deusa, demonstra como unir espiritualmente os elementos da polaridade. A configuração dos cinco ângulos alcança a complementação perfeita no ponto culminante, mostrando a possibilidade do equilíbrio emocional e mental no mundo material. O cinco, associado com o Cristal Ísis, simboliza todas as experiências pelas quais temos de passar na vida para entrarmos em contato com o conhecimento intuitivo, com o todo, para confiarmos nele e para nos identificarmos com ele. O ponto de perfeição na face geométrica com cinco lados representa a total sintonia com a força unificadora da alma, a compreensão mental de quais são as lições da vida e a aceitação e autocura do coração pelo poder do amor. Esse domínio do número 5, dos nossos sentidos físicos, é algo que todos precisamos realizar enquanto temos forma humana. No Cristal Ísis estão contidos os segredos desse domínio, que permite a cada pessoa superar a profundidade do sofrimento emocional humano, transmitindo a essência da compreensão e do consolo a todas as tribulações e dificuldades da vida.

Usos pessoais para o Cristal Ísis

O Cristal Ísis encoraja a integração da substância espiritual ao corpo emocional. Nosso corpo emocional foi destinado a sentir e a expressar a glória do espírito. Mas, em geral, experimentamos mais as emoções descontroladas do que os sentimentos. As emoções são sentimentos que estão fora de alinhamento com o espírito e que por isso criam sua própria "moção". Os sentimentos são a verdadeira experiência do espírito expressos pelo Chakra do Coração no mundo físico. Ao equilibrar as emoções, o Cristal Ísis facilita a verdadeira experiência e expressão do "sentimento" espiritual.

Esse Cristal da Deusa não é apenas para as mulheres. Ele também é muito poderoso para os homens que ousam ter a coragem de desenvolver seu lado feminino-sensível, de integrar suas emoções e de desenvolver a intuição. Também é bastante eficaz para crianças (ou adultos imaturos), no desenvolvimento da estabilidade emocional. As pessoas hipersensíveis com frequência têm corpos emocionais feridos por causa de sua demasiada identificação com o sofrimento dos outros. O Cristal Ísis é extremamente útil para esses "sensitivos". Ele os ajuda a terem perspectiva mais ampla e um maior entendimento. Isso acalmará a mente, o que, por sua vez, servirá para equilibrar o corpo emocional. Coloque o Cristal Ísis no terceiro olho e/ou no centro do coração, conforme for necessário, para transmitir maior entendimento e equilíbrio a esses chakras. Use-o na meditação e leve-o consigo como pingente ou no bolso quando estiver se concentrando nos atributos de Ísis e desenvolvendo essas virtudes.

Muitas das almas que agora estão se encarnando no planeta Terra são seres altamente evoluídos e sensíveis. Muitas crianças demonstram graus avançados de consciência psíquica e de "sentimento espiritual". O Cristal Ísis é um excelente amigo para esses seres que estão agora entrando em corpos físicos, com a mente e o coração totalmente abertos. Ele serve para proteger essa bela gente jovem em seu ajustamento a um mundo em que mora o sofrimento humano. Se ele for usado numa corrente ao redor do pescoço, levado no bolso ou se ficar no quarto à noite, os poderes nutridores da Mãe Ísis ajudarão essas crianças a permanecerem estáveis e equilibradas enquanto estiverem na forma humana.

Numa época em que a Terra está seriamente atormentada por epidemias, pelo câncer e por uma miríade de outras formas de doença, o Cristal Ísis pode ser um grande conforto para os que estão no processo de morte ou já moribundos. Através do aspecto equilibrador da face de cinco lados de Ísis, a polaridade da vida e da morte obtém maior dimensão e perspectiva. O Cristal Ísis é uma excelente companhia para pessoas que estão em transição de vida e se preparando para abandonar a presente encarnação. Nessas situações, mantenha o cristal junto da pessoa, na cabeceira da cama, embaixo do travesseiro, ou, se possível, em sua mão. O Cristal Ísis também é um empático amigo compassivo para os que choram a perda de entes queridos. Como sentiu pessoalmente a profundidade da dor e da perda humanas, Ísis também sabe como curar e vencer a dor através do amor e da compreensão. A sua poderosa presença emana desse cristal e é de grande ajuda a todos os envolvidos, em situações de morte. Leve essa presença nutridora com você, use-a, medite com ela ou coloque-a no terceiro olho ou no centro do coração quando pedir ao poder de Ísis para ajudá-lo a vencer os fardos inerentes à provação da morte física. Trata-se de um cristal que permite que a essência imortal da alma (Osíris) seja contatada. Ao fazermos isso, encontramos grande conforto.

O Cristal Ísis é o mais eficaz a ser usado para a cura pessoal depois da perda de um ente querido, quer este tenha morrido fisicamente ou apenas não esteja mais presente em nossa vida. Trata-se do remédio para "um coração partido". O poder essencial de Ísis está no fato de ela ter buscado abrigo na Ilha de Agilka e de ter curado seu corpo emocional antes de continuar sua missão. Essa capacidade de refugiar-se no santuário interior do coração e revigorar a força do amor é transmitida pela construção geométrica do cristal. O Cristal Ísis também fornece o bálsamo curador vital necessário à cicatrização das mágoas emocionais, não permitindo que elas inibam o fluxo do "sentimento" espiritual.

O Cristal Ísis também pode ser usado para reconstituir mentalmente velhas dores do passado recente ou distante e que deixaram danos não curados no Chakra do Coração. Através do uso devotado do Cristal Ísis, as partes do coração que estavam mortas pela dor e tristeza provocados por relacionamentos não consumados podem ser devolvidas a um estado de bem-estar emocional. Para usar o Cristal Ísis dessa maneira, por favor consulte as técnicas e esquemas das pedras descritas em *As Propriedades Curativas dos Cristais e das Pedras Preciosas*. Use o Cristal Ísis com a face virada para o alto, em cima dó terceiro olho (juntamente com uma Sílica-Gema e uma Azurita), para lembrar vividamente situações que precisam de cura. Em seguida, volte a face do cristal para baixo, colocando-o no Chakra do Coração (junto com um Quartzo Rosa, uma Aventurina Verde e um Dioptásio) a fim de estimular a renovação de forças e dar conforto. A face quíntupla do Cristal Ísis ajuda a pessoa a aprender a arte da autocura da tristeza, do luto, da raiva ou da frustração passados ou presentes.

Em qualquer das situações citadas o Cristal Ísis é um companheiro perfeito para a sua meditação. Podemos nos sintonizar melhor se o segurarmos na palma da mão direita com a face voltada para cima, passando simultaneamente o polegar da mão esquerda pela face do cristal, da linha da base até a terminação. Podemos fechar os olhos ou observar o movimento enquanto nos concentramos no equilíbrio emocional, no bem-estar e na força interior. Prepare-se para aprender como usar a sua própria magia no sentido de recriar a sua vida de um modo que lhe traga mais paz e alegria.

Outra meditação poderosa com o Cristal Ísis pode ser executada fitando-se diretamente a "Face de Ísis" como você faria com um Cristal Polido Naturalmente – ou Cristal Janela. (Veja *As Propriedades Curativas dos Cristais e das Pedras Preciosas*, pp. 277-81.) A face de cinco lados de fato lembra um templo. À medida que você olha fixamente para o santuário cristalino de Ísis, a sua consciência entra num reino de equilíbrio e harmonia. Olhe para o Templo de Ísis até obter uma sensação real de como é "sentir-se" emocionalmente equilibrado por inteiro. Então feche suavemente os olhos e coloque a face de Ísis no Chakra do Coração para transmitir esse sentimento aos santuários interiores do seu próprio ser. Pode-se repetir o processo quantas vezes forem necessárias para construir a ponte cristalina de saúde emocional entre o Cristal Ísis e a própria estrutura interior. Se a meditação for praticada com sinceridade todos os dias, poderá ocorrer uma cura profunda, renovando-se o coração para que ele receba e transmita melhor o amor.

O aspecto hatoriano

Ísis é o poder feminino criador de cujo ventre surge a nova vida de Osíris depois da morte. Ísis geralmente representa a determinação da vontade de vencer a presença do mal e o destemor de defender a verdade, de corrigir os erros e de corajosamente dizer "NÃO!" às forças que gostam de tirar proveito da divindade, de arrebatá-la, de humilhá-la e destruí-la. Sua irmã de alma, Hathor, demonstra a capacidade de equilibrar o corpo emocional com a força curativa do amor. Hathor é representada pela vaca, aquela que nutre, e é conhecida como a deusa da celebração, da alegria, do amor, da dança, da música, da leveza e da arte. Na lenda egípcia e nos hieróglifos antigos, essas duas deusas poderosas são com frequência intercambiadas e, algumas vezes, vistas como uma única entidade. Ísis se funde fácil e de modo indistinguível com Hathor. Em algumas lendas, Hathor é mais velha do que Ísis, mas em outras nasce desta. Portanto, é impossível falar de Ísis sem dar um amplo crédito à sua alma gêmea, Hathor. Quando estudamos o que resta das faces de Hathor no templo de cura de Ísis, os atributos hatorianos são revelados e, quando entendidos, podem dar a cada um de nós o poder de cura do amor incondicional.

A face de Hathor

A mais contundente sensação que se recebe da meditação com essas antigas representações da deusa é a de paz interior e satisfação. Ao olharmos os olhos de Hathor, vemos que parecem tristes, mas bem abertos de espanto, como se ela visse toda a extensão do sofrimento humano. Ela testemunha a dor e as mágoas sofridas pelo corpo emocional, mas também vê a beleza inerente à vida em todos os seus aspectos. Suas orelhas são grandes e se abrem enquanto ela ouve com compaixão os lamentos da humanidade. Ela ouve tanto os gritos de alegria quanto os de tristeza. Contudo, Hathor instintivamente sabe que, juntos, todos os sons criam a sinfonia da vida, que compõe o eterno hino de Deus. A boca de Hathor está ligeiramente curvada, já que expressa o sorriso interior de contentamento. Esse semblante exibe a paz que só pode ser encontrada quando a vida é abraçada em todos os seus aspectos. No seu longo e gracioso pescoço há um belo colar, que exemplifica a extraordinária beleza que a vida contém em toda a sua miríade de expressões.

Quando Hathor acalentou Ísis, lhe devolvendo a saúde emocional, depois que esta havia sofrido a pior das ciladas da vida, foi preciso despertar nela a capacidade de ver e conhecer a beleza da vida em meio ao sofrimento. Essa é a dádiva da autocura do Cristal Ísis. Como abraçar a vida em toda a sua plenitude, conquistar e crescer mesmo a partir da dor? Como ver a sempre presente beleza da criação mesmo quando a vida apresenta os maiores desafios e obstáculos? Como suportar a pior coisa que pode acontecer, como ter o amado retalhado, e aceitar a presença contínua da vida, encontrar a paz pessoal e curar-se?

O Cristal Ísis, imbuído com o poder hatoriano da compaixão, leva a percepção cósmica ao Chakra do Coração e, com isso, cria um novo estado de ser, capaz de conhecer o verdadeiro amor. Com a cura do corpo emocional, acontece o equilíbrio entre a mente e o coração. Isso é fundamental para que se desenvolvam a inteligência do coração e a "natureza sensível" espiritual. Só então se pode verdadeiramente saber que tudo está bem no universo, descobrir a paz e encontrar enriquecimento na totalidade das experiências da vida. Com a poderosa Transmissão Cristalina que emana do Cristal Ísis, nós também podemos desenvolver os olhos para ver a beleza em tudo, os ouvidos para ouvir a música da vida em todos os seus ritmos e ostentar o sorriso satisfeito do conhecimento interior.

Com essa compreensão em mente, a face quíntupla do Cristal Ísis adquire uma dimensão mais elevada de significado. Então, a linha de base forma os alicerces do destemor e da coragem para entrarmos nas áreas obscurecidas do nosso próprio coração. As duas linhas inclinadas que sobem da base significam os olhos que veem com sabedoria e os ouvidos que ouvem a bela música da vida. As duas linhas que se erguem até o ponto culminante estão ligadas ao profundo entendimento de uma mente satisfeita e ao conforto que promove a cura pessoal de um coração que bate em sintonia com a criação. O ponto de perfeição é a paz profunda que se encontra quando existe um equilíbrio desses. Esse ponto de perfeição é a compreensão inabalável de que a criação é mais do que vidas isoladas, processos terrenos e ocorrências sem sentido. É o ponto de unificação no qual a alma aceita os ciclos naturais da vida na Terra e, ao fazer isso, descobre a paz através do conhecimento de uma verdade muitíssimo maior.

Capítulo 12

OS CRISTAIS *CATHEDRAL LIGHTBRARIES* (CRISTAIS CATEDRAIS DE LUZ E INFORMAÇÃO)

Na aurora de cada ciclo de dois mil anos, os grandes mestres, tanto materiais como imateriais, se reúnem para estabelecer uma nova frequência de consciência para a era seguinte. Quando a Era de Áries começou, Moisés viajou até o topo do Monte Sinai e recebeu a lei escrita de Deus, que então foi transmitida ao povo. Quando a Era de Peixes começou, Jesus Cristo apareceu na Terra para ensinar a lei do amor; sua vida serviu como um exemplo vivo do potencial espiritual humano. Agora, quando estamos prestes a entrar na Era Dourada de Aquário, é possível que essas mesmas leis de Deus sejam escritas na estrutura do nosso coração e que a luz do amor seja absorvida pela humanidade.

Neste período vital de transição entre as Eras de Peixes e de Aquário, os Cristais *Cathedral Lightbraries* reapareceram. Eles agem como estações transmissoras através das quais os mestres universais podem divulgar para corações e mentes abertos informações específicas pertinentes à Nova Era. Se adequadamente usados, os Cristais *Cathedral Lightbraries* podem ser programados com um novo modelo de pensamento que estabelecerá e manterá uma frequência de consciência pelos dois mil anos vindouros. Uma vez programados, são capazes de transmitir frequências que vibram de acordo com a mente universal.

Alguns dos Cristais *Cathedral Lightbraries* que estão aparecendo agora na superfície da Terra foram usados desse mesmo modo nos antigos dias da Lemúria. Naquele tempo, os Anciãos lemurianos trabalharam em harmonia com seus companheiros imateriais para criar um padrão de pensamento que alinhasse a mente universal com a sua civilização naquela era específica. Outra vez chegou a hora de reprogramar esses cristais para se atender às necessidades de novos amanhãs. Grupos de pessoas dedicadas e comprometidas com essa incumbência serão atraídos pelos Cristais *Cathedral Lightbraries* para receberem a nova onda de consciência e para programarem esses cristais especializados com intenções premeditadas de um mundo melhor.

A união de forças

O nome *Cathedral Lightbraries* representa tanto um lugar onde se reconhece Deus (uma catedral) quanto um lugar de conhecimento e aprendizado (uma biblioteca). Deus é habitualmente vivido com o coração ou com o sentido intuitivo, e a aprendizagem, em geral, ocorre com a mente e o intelecto. Os Cristais *Cathedral Lightbraries* são um lugar onde pessoas com mentes afins podem em conjunto equilibrar o sentido intuitivo de conhecimento interior com o puro intelecto. Quando o equilíbrio mental ocorre desse modo, o Chakra Causal é ativado e a sabedoria da alma pode assumir forma tangível em pensamentos que a mente é capaz de apreender.

As catedrais e as bibliotecas podem ser um tanto impessoais pelo fato de existirem para servir a qualquer pessoa que nelas entre. No entanto, todos aqueles que entram nesses locais têm um propósito ou meta comum, isto é, aprender e/ou relacionar-se com Deus. Os Cristais

O Cristal *Cathedral Lightbraries*.

Cathedral Lightbraries combinam as qualidades de ambos os lugares e estão destinados a reunir à sua volta pessoas que tenham intenções e objetivos comuns. O denominador comum entre todas as pessoas que trabalharão conscientemente com eles será a sua sintonização conjunta com a luz, com o amor de Deus e com a busca de uma verdade e de um "conhecimento" maiores.

Em certo sentido, um *Cathedral Lightbraries* é como um professor ou mestre iluminado em volta do qual muitas pessoas se reúnem com o intuito de aprender. Esse Cristal Mestre estabelece a ordem, dá a tônica do ensinamento e determina o modo como as informações específicas serão difundidas. A responsabilidade dos que vão aprender é decidir que assunto desejam que lhes seja ensinado. Assim que a sua intenção clara é estabelecida, os participantes podem abrir a mente para receber a informação que o cristal transmitirá.

Reconhecendo os Cristais *Cathedral Lightbraries*

Os Cristais *Cathedral Lightbraries* são de Quartzo que parecem ter sido feitos de muitas partes. Na verdade, cada parte é um cristal isolado, semelhante ou praticamente idêntico aos outros. Essas porções individuais podem dar a impressão de terem sido encaixadas umas nas outras ou até mesmo de que uma penetrou na outra. Todas estão unidas a um cristal "mãe" maior que forma uma única terminação. Os *Cathedral Lightbraries* podem parecer complexos em seus vários formatos, visto que grupos de muitos cristais individualmente reconhecíveis se fundem em numerosas formações. Embora seja difícil descrevê-los com palavras, uma vez vistos, eles são fáceis de reconhecer.

Em termos de mineralogia, o aparecimento de um cristal maior com muitos cristais menores contatando e interpenetrando um ao outro é causado por um fenômeno chamado "geminação". No caso dos

Cathedral Lightbraries, uma dupla rotação espiral ocorre na formação interna do cristal, produzindo as camadas e ramificações em seus lados e no topo. Esse duplo movimento em espiral nos *Cathedral Lightbraries* é exatamente o que os torna suscetíveis à recepção tanto das frequências universais como das formas humanas de pensamento.

Podem-se confundir os Cristais *Cathedral Lightbraries* com os Elestiais (veja *As Propriedades Curativas dos Cristais e das Pedras Preciosas*, pp. 283-92), na medida em que ambos exibem cristais individuais menores firmemente unidos a uma estrutura cristalina mais ampla. Os *Cathedral Lightbraries*, entretanto, se distinguem pelas seguintes características: eles estão unidos num cristal com uma única terminação, ao passo que os Elestiais podem ter várias terminações numa única peça, uma terminação única ou nenhuma. Os Elestiais são desenhados e suas camadas são marcadas, expondo camada por camada da dimensão interna dentro do corpo do cristal. Os *Cathedral Lightbraries* podem ter algum desenho, mas não apresentam camadas profundamente cunhadas na formação interna do cristal. As energias dos Elestiais estão concentradas interiormente, já que eles ajudam as pessoas no acesso à verdade pessoal ao levá-las bem ao âmago do seu próprio ser. As energias dos *Cathedral Lightbraries* se projetam para fora na medida em que eles estão abertos para receber as impressões da mente universal, bem como das formas coletivas de pensamento humano. Os Elestiais também podem ser pequenos, chegando a sessenta milímetros, ou grandes, com noventa centímetros de largura ou de comprimento, ao passo que os *Cathedral Lightbraries* habitualmente têm ao menos quinze centímetros de comprimento e entre cinco e sete e meio de largura. Os Elestiais, em geral, são transparentes ou enfumaçados e de brilho variável, enquanto os *Cathedral Lightbraries* podem ser transparentes, enfumaçados ou citrinos, e costumam ter uma excepcional transparência.

O computador cristalino cósmico

De certo modo, os Cristais *Cathedral Lightbraries* também se assemelham aos Arquivistas e aos Guardiães da Terra porque também podem ser programados e transmitir informações. Mas os *Lightbraries* são únicos e diferem tanto no modo como são programados como no tipo de energias a que são receptivos e que podem projetar. Os Arquivistas (veja *As Propriedades Curativas dos Cristais e das Pedras Preciosas*, pp. 84-7) são pessoalmente orientados e podem ser usados para a recepção de informações que vêm sendo guardadas em segurança por milhares de anos. Eles também podem conter informações específicas para uma pessoa cuja presença literalmente manifesta os registros no cristal. Os gigantes Guardiães da Terra (veja *As Propriedades Curativas dos Cristais e das Pedras Preciosas*, pp. 301-07), são planetariamente orientados e têm registradas informações específicas referentes à história da Terra e à evolução da espécie humana. Os *Cathedral Lightbraries* são universalmente orientados e têm a surpreendente capacidade de sincronizar-se com frequências universais. Uma vez programados, eles têm o potencial não só de encarnar essas vibrações como de traduzi-las para os nossos modos de pensamento.

Em resumo, os *Cathedral Lightbraries*, se adequadamente programados, podem conter o conhecimento sagrado escrito na linguagem da luz. Esse conhecimento universal é conhecido como o *akasha*. Foi nesses "registros akáshicos" que cada pensamento, palavra e ação de todo ente vivo através dos tempos foram armazenados. Os *Cathedral Lightbraries* têm a habilidade inata de diferenciar e de reunir apenas as formas de pensamento que estejam em sintonia com a suprema inteligência, ou mente de Deus. Portanto, esses Cristais *Lightbraries* são destinados a reunir a essência purificada da substância primal e a convertê-la numa linguagem que a mente humana seja capaz de perceber.

Com bem pouca imaginação, as extensões protuberantes num Cristal Cathedral Lightbrary podem parecer bancos cristalinos de dados. Na verdade, é justamente isso que eles são. Os cristais individuais que se formam no corpo da "mãe" são os bancos de dados que reúnem as forças oniscientes do conhecimento universal. Esses bancos de dados são abertos e desprogramados até que pensamentos e intenções conscientes sejam projetados neles. Isso é bastante semelhante ao modo como um computador trabalha em nossos dias. Enquanto o computador e os discos sem dados não são programados com fatos, imagens, documentos, mapas etc. específicos, permanecem sem informação.

A exigência específica necessária para programar os *Cathedral Lightbraries* é a disposição dedicada de ao menos duas pessoas (de preferência, mais de duas) que possam fundir seus corações, mentes e intenções conscientes como se fossem uma. Os *Cathedral Lightbraries* mantêm absoluta sintonia e integridade com as frequências universais e não baixam sua vibração ao nível da mentalidade individual. Em vez disso, desafiam um grupo a expandir a consciência e a fundir suas mentes em coesão coletiva para se sintonizarem com a mente universal. Com o pré-requisito de uma consciência de grupo unificada, os praticantes podem entrar com lucidez e em uníssono na "catedral de luz". Assim que a mente grupal se projetar no cristal, os participantes podem harmonizar-se com as frequências purificadas do *akasha* e receber um conhecimento profundo.

Como usar os Cristais *Cathedral Lightbraries*

A função dos *Cathedral Lightbraries* é tríplice. Em primeiro lugar, eles são receptores da pura substância do pensamento indefinido. Em segundo, eles mantêm sintonia com a mente universal enquanto reformulam e redefinem os pensamentos conscientes que um grupo projetar neles. Por fim, reinterpretam a intenção coletiva e a projetam na mente dos participantes do grupo de um modo que formulam seus pensamentos de acordo com a pureza da mente universal. Quando o fazem, formas de pensamento, ideias e conceitos específicos são traduzidos do nível da consciência divina para a percepção recebida pelo grupo. Então se torna responsabilidade dos membros do grupo se assentarem e se organizarem praticamente a fim de continuarem com seu discernimento e manifestarem seus objetivos no plano físico.

Os *Cathedral Lightbraries* podem ser usados por qualquer grupo de pessoas que tenham a intenção comum de levar a Essência Divina e a luz da verdade universal para as atividades humanas. Eles servem para estabelecer uma ordem superior em qualquer iniciativa mutuamente agradável, quer o objetivo seja criar um centro de cura ou um negócio da Nova Era, expressar relacionamentos interpessoais ou familiares harmoniosos ou desenvolver uma nova estrutura ainda não imaginada.

Por exemplo, se um grupo de pessoas com mentes afins decide estabelecer um novo negócio baseado na integridade espiritual, primeiro deve sentar-se ao redor de um Cathedral Lightbrary, disposto no sentido vertical no centro do círculo. Em seguida, o grupo escolherá exatamente que tipo de empreendimento deseja e chegará a um acordo quanto a intenções comuns. Então, sem qualquer expectativa ou pensamento prévio, as pessoas se darão as mãos, harmonizarão o coração e a mente e se projetarão no interior do cristal para receberem novos dados e instruções. Uma vez dentro do cristal, o banco de dados cristalino individual aparecerá como diferentes câmaras iluminadas dentro de uma gigantesca catedral. Cada pessoa poderá então entrar sozinha numa câmara isolada para receber a divina percepção e orientação. Habitualmente há pouca atividade mental nessa ocasião, visto que o Chakra Causal está recebendo impressões que criarão uma matriz mental para a manifestação material do negócio. O período que o grupo gasta projetando-se no cristal depende da capacidade combinada de concentração mental e da natureza da intenção das pessoas. Ele costuma variar entre 11 e 30 minutos, e não deve ultrapassar uma hora. Assim que todos voltarem aos seus corpos físicos, as ideias serão estimuladas e o caminho será claro e estará aberto à discussão criativa.

Ao usar os *Cathedral Lightbraries* dessa maneira, é importante que as pessoas continuem de mãos dadas durante todo o tempo em que estão se projetando no santuário interior do cristal. Isso as manterá unidas, assentadas e concentradas no propósito e na intenção comuns. O período de discussão também é necessário para ativar as impressões causais que foram transmitidas pelo cristal. Nesse tempo vital de comunicação, serão formuladas ideias que tornarão possíveis os passos realistas práticos que devem ser dados.

O *Cathedral Lightbrary* programado continuará a transmitir conhecimento e informações aos que se entregaram à manifestação dos seus objetivos. Esses cristais podem ser instalados na sede do negócio (ou onde os participantes se reunirem) e usados como ponto focal nas reuniões em grupo ou nas interações. Uma vez programado, o *Cathedral Lightbrary* transmitirá ideias e pensamentos à mente dos participantes numa base contínua, para ajudar na concretização do objetivo comum. O cristal retém o mesmo programa por longos períodos, ou pode ser limpo com água pura e luz solar (veja *As Propriedades Curativas dos Cristais e das Pedras Preciosas*, pp. 49-50) e coletivamente reprogramado com outras intenções.

Num futuro não muito distante, os Cristais *Cathedral Lightbraries* atrairão grupos de pessoas prontas e dispostas a participarem da reprogramação das várias estruturas planetárias hoje existentes com a consciência da suprema inteligência. Como a energia universal é direcionada dessa maneira para os sistemas mundanos, uma nova ordem fundamentada na verdade, na honestidade, na integridade e na mútua atenção pode ser estabelecida na Terra.

Acessando o Salão dos Registros

O sagrado Salão dos Registros existiu originalmente no Antigo Egito e era composto de majestosas colunas de luz. Estava localizado num corredor subterrâneo que ia dos pés da Esfinge à câmara subterrânea da Grande Pirâmide. Só os iniciados avançados, capazes de se sintonizarem com a frequência da luz, tinham permissão para entrar nesse salão sagrado e decifrar os registros akáshicos que ele continha. Esse Salão dos Registros era a mais potente das bibliotecas de luz, gravando nas maciças colunas brilhantes tudo o que aconteceu e acontecerá na eternidade do Universo. Os iniciados dedicados, bem como os sumos sacerdotes e as sacerdotisas, se reuniam ali, se sintonizavam com a frequência da luz, definiam suas intenções e liam segmentos dos registros akáshicos. Aí eles podiam aprender capítulos da história humana, testemunhar eventos que ocorreram em outros tempos e lugares, ou observar diferentes dimensões da realidade.

Quando o Império Egípcio ruiu, o Salão dos Registros foi mantido oculto e secreto. Só escolas de mistérios secretas retinham fragmentos de informações sobre a sua presença e finalidade. Quando a Biblioteca de Alexandria pegou fogo, quase todo o conhecimento dessa antiga biblioteca de luz foi destruído e se perdeu.

Os *Cathedral Lightbraries* potencialmente podem servir à mesma finalidade que as colunas de luz no Salão dos Registros. Se usados corretamente, os bancos de dados virgens podem ser programados para conter qualquer informação que tenha sido gravada no passado ou no futuro. Com um sincero esforço grupal e dedicada intenção comum, podem se obter o conhecimento e a sabedoria que, caso contrário, ficariam permanentemente inacessíveis à consciência humana.

Para usar os *Cathedral Lightbraries* desse modo, siga os mesmos procedimentos descritos acima, mas defina com clareza na mente do grupo a informação específica a ser sintonizada. Em seguida, de mãos dadas, todas as pessoas do grupo se projetarão simultaneamente na catedral de luz e receberão o conhecimento desejado. Depois disso, cada membro do grupo deve compartilhar francamente as informações que recebeu. Combinando-se todas as versões e levando-se em conta o conhecimento e a experiência coletivos, se chegará a uma vívida imagem do capítulo dos registros akáshicos que acabou de ser lido.

Capítulo 13

OS CRISTAIS TEMPLO DÉVICO (*DEVIC TEMPLE*)

Em minha opinião, o Templo Dévico está entre os Cristais Mestres mais importantes. Ele contém um elemento de pura magia e, se usado de maneira adequada, pode fornecer uma passagem pela qual os devas podem entrar no plano físico. Os "devas" são, em geral, definidos como seres do plano espiritual que existem nos mundos astrais superiores e/ou celestiais. Os que vivem no plano astral podem estar descansando entre encarnações. Os devas que moram nos mundos celestes superiores podem ter evoluído a ponto de ter se libertado do ciclo de reencarnação ou são seres angélicos que nunca habitaram um corpo físico. Todos os devas são seres de luz. Como vivem em planos mais elevados de consciência, não são importunados pelo peso da tensão mental ou emocional, nem iludidos pelas percepções limitadas dos cinco sentidos. Alguns desses devas se dedicam a ajudar os seres humanos hoje encarnados no plano físico. Seu objetivo é facilitar o desenvolvimento espiritual e a autorrealização, e nos guiar no caminho da obtenção do autocontrole. Usados da forma correta, os Cristais Templo Dévico podem tornar-se veículos temporários por meio dos quais os devas do plano espiritual podem se expressar e nos oferecer verdades, sabedoria e bênção para a nossa vida.

A identificação das moradas dos devas

Os Templos Dévicos são cristais de Quartzo especializados e, no entanto, seu aspecto é menos definido do que qualquer outro Cristal Mestre. Esses cristais, em geral, são geradores isolados de energia. Os traços que distinguem os Templos Dévicos de outros cristais são descobertos quando observamos as inclusões no mundo interior do cristal, bem como as marcas em seu corpo e faces. Os cristais que podem ser usados como templos pelos seres de planos superiores podem exibir impressões de outros mundos, templos, ou, o fator mais importante, faces ou contornos de seres dentro do cristal. O corpo de um Cristal Templo Dévico pode exibir entradas ou passagens claramente definidas. Os devas também podem ser invocados por meio dos cristais que têm camadas ou linhas ascendentes em seu corpo ou em qualquer das faces de sua terminação.

Como os cristais límpidos de Quartzo integram inerentemente a luz branca do reino espiritual à substância do plano terrestre, os Templos Dévicos são moradias perfeitas para seres mais elevados. Os Cristais Templo Dévico servem como ponto de contato entre as dimensões, permitindo que os devas do astral e/ou do céu superior tenham fácil acesso ao plano físico. Só os devas capazes de se fundirem com a pura luz branca podem cruzar o limiar entre os mundos e residir temporariamente no templo do cristal. E, quando o fazem, é possível construir uma ponte de comunicação entre os reinos exterior e interior. Quando você convida os devas a entrarem em sua vida através desses cristais, prevalece nela uma presença mágica. A vibração harmônica desses templos de Quartzo permite que se levante o véu entre os mundos e que as energias espirituais se infiltrem no ambiente. Os Cristais Templo Dévico transformam-se em altares vivos por meio dos quais os mestres dos

O Cristal Templo Dévico.

mundos interiores podem olhar nos olhos, na alma e no coração de quem medita com o cristal.

A natureza de um verdadeiro templo

Dada a incrível atividade do mundo ocidental no século XX em diante, devota-se muito pouco tempo à reflexão interior. No entanto, é nos santuários interiores do eu que se pode encontrar a paz pela qual a alma anseia há tanto tempo e de que o mundo tão desesperadamente necessita. Os verdadeiros templos são os lugares em que uma cerimônia sincera é celebrada diariamente, criando um vórtice por onde as energias espirituais se estabelecem no plano terrestre. É nesses templos que podem ocorrer de maneira mais fácil a reflexão e a comunicação interiores com o eu. Esses lugares de Deus facilitam a união com a Essência Divina. Os devas, muitas vezes, moram em templos verdadeiros e oferecem orientação e graças divinas a corações e mentes receptivos. Na Antiguidade, eram erigidos muitos templos em honra da divindade da vida. Nos dias de hoje, há poucos templos verdadeiros como esses no mundo ocidental. Entretanto, à medida que a aurora de uma nova era fica cada vez mais clara no horizonte, mais santuários sagrados são construídos. Eles serão como faróis de luz através dos quais os reinos, espiritual e material, se harmonizarão e se tornarão um.

Os planos espirituais existem no mundo material. Os reinos astral e celestial estão bem aqui, exatamente agora, mas funcionando num nível mais elevado de vibração. Os véus que existem entre os vários mundos se tornam muito tênues nos templos verdadeiros, possibilitando que os mundos físicos e espiritual sejam vistos simultaneamente. Nesses lugares, é mais fácil para os seres superiores dos planos espirituais se conectarem com o mundo material, bem como para os seres humanos contatarem os anjos. Quando se faz uma adoração num templo autêntico que contenha uma alta frequência vibracional, é possível sentir, ver ou perceber os devas que residem ali. Os devas que moram nos templos verdadeiros ajudam aqueles que vão cultuar a contatarem seu próprio Deus interior.

Os Cristais Templo Dévico podem servir como santuários pessoais através dos quais pode ocorrer esse mesmo fenômeno. Em meio à grande atividade e agitação da vida no mundo contemporâneo, podem-se criar santuários individuais por meio dos quais se invocam as presenças dévicas. Os Templos Dévicos podem ser entronizados de modo a criarem altares vivos que funcionarão como minimodelos até que os templos da nova era sejam construídos.

A criação de um altar vivo

Um altar é um lugar no qual a humildade e a reverência inspiram a submissão à onisciência da Essência Divina. É possível criar altares com facilidade; eles podem ser feitos colocando-se uma toalha branca sobre uma mesa, construídos de acordo com o gosto individual, ou erigidos de modo elaborado com ouro e pedras preciosas. Como um lembrete do seu relacionamento pessoal com o âmbito divino, tesouros pessoais como pinturas de santos, cristais e objetos com significado espiritual íntimo podem ser colocados sobre o altar. O altar que abriga um Cristal Templo Dévico requer atenção especial e alguns itens específicos para criar a abertura pela qual um deva pode entrar no cristal.

Antes de se sentar diante do altar, crie uma atmosfera que leve à reflexão interior tranquila. Purifique seu ambiente com incenso (veja *As Propriedades Curativas dos Cristais e das Pedras Preciosas*, pp. 182-85) e deixe depois o ar fresco circular. Coloque um Cristal Templo Dévico no centro de um altar recém-limpo criado especialmente para essa finalidade. Os devas ficam encantados com as essências sutis da Terra. Portanto, a fragrância de incenso suave, a beleza inebriante de flores frescas e uma vela branca acesa devem ser colocadas ao redor do cristal para enviarem um convite aos devas. É importante fazer algum tipo de oferenda pessoal e colocá-la sobre o altar cada vez que se chamar um deva. Pode tratar-se de uma comida especialmente preparada, de uma pedra pessoal de cura ou de qualquer coisa da qual você goste bastante. Esse ato de doação o abrirá para receber quaisquer bênçãos que o deva possa oferecer em troca. Você pode optar por delinear auricamente o Cristal Templo Dévico com a Cianita, para abrir o campo de força do templo cristalino (para mais instruções, leia sobre a Cianita, p. 85).

Assim que o altar despertar com o aroma do incenso, a beleza das flores e a vela acesa, sente-se diante dele e ofereça a dádiva do som. É mais eficaz você mesmo cantar ou tocar um instrumento musical. Se isso não for possível ou se você se sentir pouco à vontade fazendo-o, coloque uma suave música etérica de fundo para tocar. Em seguida, feche os olhos e entre em si mesmo. Na santidade do seu ser interior, chame o deva que mais facilmente possa se sintonizar com você e peça-lhe que entre nas energias mais sutis do templo de cristal. Então abra os olhos e fixe-os no Cristal Templo Dévico. Permita que a sua mente permaneça clara e o coração aberto e receptivo. Se você tiver perguntas a fazer ou precisar de conselhos, projete mentalmente a si e à situação no Templo Dévico. As soluções podem ou não se revelar de imediato, mas você pode ter certeza de que as suas preces foram ouvidas e de que serão atendidas de acordo com a vontade divina.

Montado o altar, é preciso mantê-lo ativado para receber permanentemente a energia do deva. A menos que se mantenha um culto pessoal diante do altar todos os dias, os devas só podem morar temporariamente no Cristal Templo Dévico. A vela e o incenso devem ser acesos todos os dias, as flores murchas têm de ser substituídas, novas oferendas devem ser feitas e a meditação, praticada com regularidade. Se o altar for mantido em estado ativo, será muito mais fácil para o deva entrar no cristal e tornar-se uma presença constante na sua vida. A meditação diante desses santuários pessoais pode tornar-se uma prática diária saudável e pode ser incorporada com facilidade a qualquer plano de manutenção.

Apoio indireto

Os devas que trabalham com os Cristais Templo Dévico estão incumbidos apenas de apoiar você no acesso aos santuários interiores do seu próprio ser. O fato de você ter erguido um altar e pedido apoio dá aos devas a permissão necessária para lhe darem assistência. Entretanto, é improvável que você venha a conhecê-los pessoalmente, embora isso seja possível. É mais provável que o relacionamento seja impessoal e que o apoio seja indireto. Já não é apropriado entregar o poder pessoal a alguma força exterior, quer se trate de gurus, cristais, seres do espaço ou seres do plano espiritual. O trabalho com os Cristais Templo Dévico não tem o objetivo de passar a sua responsabilidade a outro ser. O propósito e a intenção dos devas é oferecer orientação e auxílio superiores, que, por sua vez, o ajudarão a interiorizar-se e a tornar-se mais consciente da sua verdadeira identidade e mais ligado à sua própria fonte. Os devas são grandes mestres que trabalham com os Cristais Mestres para ensinar o autocontrole. Eles não desejam estabelecer o tipo de relacionamento que pode transformar-se numa distração psíquica.

É verdade que ao longo do caminho da vida podemos nos perder, nos esquecer do verdadeiro objetivo, nos desviar do rumo e ser vítimas das ilusões materiais. O melhor modo de caminhar ou o caminho certo nem sempre são óbvios. É nessas ocasiões que podemos invocar os devas através desses cristais, para que eles nos deem discernimento, direção e orientação. Os devas atuarão indiretamente, utilizando-se de circunstâncias, pessoas e situações, para aumentar a sua compreensão de tal modo que você seja capaz de tomar as melhores resoluções possíveis no que se refere ao seu caminho de vida. Eles podem estimular através dos sonhos, ideias que facilitem novas criações, canalizar energias de cura ou remodelar etericamente a energia para que esta sirva melhor ao seu desenvolvimento. Os devas são capazes de amplificar as suas energias e de enviá-las através desses cristais para ajudar a desanuviar o ambiente, o que, de outra forma, exigiria vidas de esforço e experiência.

Se se concentrar intencionalmente para descobrir a sua verdadeira identidade, você poderá invocar os devas através dos Cristais Templo Dévico para que eles o ajudem a tornar sua vida cada vez mais fácil, mais feliz e mais estável. Esses Cristais Mestres são meios através dos quais a Essência Divina pode ser transmitida ao plano físico, com integridade, sabedoria e amor, pelos sinceros mensageiros da luz. Os Templos Dévicos só são receptores para os seres do plano espiritual dedicados à evolução humana. Eles apontam o caminho, como uma flecha certeira, para o próprio coração de Deus.

Seres que surgem do interior da Terra

No declínio da grande civilização da Lemúria, muitos membros daquela raça transformaram sua estrutura física e entraram nos reinos do interior da Terra. Mantendo sua identidade como "terráqueos", eles trabalham diligentemente para o planeta no núcleo da Terra há milhares de anos. Na verdade, são esses os mesmos seres que criaram tantos dos cristais e minerais descobertos e extraídos na última década. Agora, alguns deles estão literalmente se encarnando, através dos corpos cristalinos, na superfície da Terra.

Esses seres são diferentes dos devas que podem ser chamados a entrar nos Cristais Templo Dévico. Esses antigos lemurianos formam outra estirpe de seres, mas vibram numa frequência suficientemente elevada para poderem se encarnar numa forma cristalina. Nessa situação, quaisquer cristais e pedras podem tornar-se moradas para os lemurianos do núcleo da terra. Esses seres altamente evoluídos se manifestam num cristal ou numa pedra de um modo que não deixa dúvidas sobre a sua presença ali. Algumas vezes vemos uma face com feições bem nítidas e olhos de arco-íris dentro do cristal. Ou podemos ver um corpo inteiro com membros explicitamente definidos e um traje elaborado, o que garante que o cristal ou a pedra são habitados.

Esses antigos lemurianos têm vindo hoje à superfície da Terra numa forma cristalina pura para transmitirem certas mensagens e informações que podem nos ajudar a salvar o nosso planeta. Eles acompanharam a ascensão e a queda da sua própria civilização e durante todas essas eras aprenderam como evitar a destruição, seja de uma raça ou de um planeta inteiro. Esses seres cristalinos estão aparecendo principalmente em cristais e pedras extraídas no Brasil. Isso é compreensível. A América do Sul é um dos locais em que se pode encontrar resquícios do Império Lemuriano. O Quartzo e a Turmalina brasileiros muitas vezes servem de veículos à encarnação dos lemurianos.

Essas entidades cristalinas atrairão para si mesmas pessoas com quem possam trabalhar melhor. Isso acontecerá mais provavelmente com quem viveu na Lemúria e que, talvez, tenha chegado a uma íntima relação pessoal com o ser que habita o cristal. Quando se fizerem meditações com o cristal, o lemuriano transmitirá ao ser humano que com ele trabalha um conhecimento passível de ser usado para dar assistência ao planeta neste frágil período transitório entre épocas. Podem ser recebidas informações de cunho científico e tecnológico avançado passíveis de receber aplicação direta a novas invenções que venham a servir na preservação do meio ambiente, na reparação da camada do ozônio ou na facilitação das atividades humanas.

Caso você esteja destinado a realizar um trabalho com um ser do núcleo da Terra dessa espécie particular, isso lhe será revelado. Sua profissão ou modo de vida podem transformar-se no meio perfeito por intermédio do qual o conhecimento do ser lemuriano poderá vir a ser utilizado. Se colocarmos o cristal debaixo do travesseiro ou num criado-mudo próximo da cama enquanto dormirmos, algumas ideias poderão surgir à noite, assim como poderão ser plantadas sementes no estado onírico. Se você tiver um desses cristais, medite com ele, estabeleça contato com o ser que há nele e deixe que o cristal comunique a você a maneira como deve ser usado.

Capítulo 14

OS CRISTAIS ELO DO TEMPO
(*TIME LINK*)

Muitas vezes os Cristais Elo do Tempo são confundidos com os Cristais Polidos Naturalmente (ou Cristais Janela) – veja *As Propriedades Curativas dos Cristais e das Pedras Preciosas*, pp. 277-31. Isso é compreensível, visto que eles são muito semelhantes na aparência. A diferença entre os dois é que um Cristal Janela exibe uma grande e perfeita face diamantina no seu centro, ao passo que o Cristal Elo do Tempo mostra um paralelogramo. A menos que seja observado bem de perto, o paralelogramo, muitas vezes, é mal-identificado como uma face diamantina e incorretamente rotulado como um Cristal Janela.

Os Cristais Elo do Tempo são abundantes, mas os verdadeiros Cristais Janela são mais difíceis de achar. Sempre que houver uma "janela" ou um paralelogramo como uma das faces que forma a terminação do cristal, cria-se uma sétima face, que dota o cristal com mais dimensão e poder. Podem ser encontrados num único cristal três ou quatro paralelogramos que indicam que realidades multidimensionais podem ser percebidas através desse Cristal Elo do Tempo particular.

Parece que o paralelogramo é um dos principais mestres geométricos neste ponto do tempo em que Cristais Elo do Tempo e Cristais Romboides de Calcita estão aparecendo em grande quantidade. A capacidade que os paralelogramos têm de unir realidades paralelas é discutida em detalhes no Capítulo 6, sobre a Calcita. Pode-se trabalhar com Cristais Elo do Tempo de vários modos idênticos aos utilizados com a Calcita Romboide, mas eles oferecem uma perícia única e excitante na ligação de existências simultâneas. Os Cristais Elo do Tempo são como pontes que a alma pode atravessar para se conectar conscientemente aos aspectos do eu que existem em outros tempos e lugares.

O fato de duas séries de linhas paralelas serem unidas neste Cristal Mestre pode ser interpretado simbolicamente. Uma linha representa o eu que existe agora. A linha diretamente abaixo pertence a um aspecto do eu que existe em outro tempo e lugar. As duas linhas paralelas de cada lado unem esses aspectos e formam uma ponte pela qual o eu atual pode se comunicar com os eus passados ou futuros.

Os paralelogramos que podem ser encontrados nos Elo do Tempo são resultado de um tipo particular de crescimento espiralado na formação interna do cristal. A estrutura molecular inata desses cristais pode ser comparada com uma escada em espiral, que pode voltar-se para a esquerda ou para a direita. Se o paralelogramo estiver do lado direito quando você olhar o cristal de frente, isso indica que a espiral está girando em sentido horário, ou para a frente, e o levará ao futuro. Se o paralelogramo estiver do lado esquerdo, a espiral girará no sentido anti-horário, ou para trás, e permitirá que você viaje ao passado. Se houver paralelogramos dos dois lados, esquerdo e direito, há um duplo movimento em espiral, e com esse cristal específico pode-se estabelecer uma ponte para qualquer direção.

O Cristal Elo do Tempo.

Dissolvendo o falso conceito de tempo linear

A vida que estamos vivendo agora é apenas uma faceta de quem somos de fato. No entanto, tendo nascido num corpo físico regido pelos cinco sentidos, fomos condicionados a ver o tempo como um evento linear, com um começo, uma duração e um fim. Programados desde o nascimento com essa percepção, esquecemo-nos de que na verdade somos seres multidimensionais que existem numa eternidade de tempo. Com a ajuda dos Cristais Elo do Tempo, a vida pode ser testemunhada fora da sequência linear. Então, a ilusão da realidade tridimensional, presa ao tempo e espaço, pode ser dissolvida e as viagens pelo tempo se tornarão possíveis. A chave para viajar no tempo é identificar-se com a essência da alma que está vivendo cada vida. Com a alma como um guia confiável, as identidades passadas e futuras podem ser testemunhadas, e velhas dores, curadas. Com a integração das lições de cada experiência de vida, todas as nossas diferentes identidades podem ser fundidas num sentido unificado de eu.

Até hoje não foi possível integrar e assimilar todos os aspectos fragmentados do nosso ser. Mas agora, quando completamos este grande ciclo do tempo, e com a ajuda dos Cristais Elo do Tempo, partes de nós que foram congeladas em outros momentos devido ao trauma, à dor e aos mal-entendidos podem ser libertadas. Assim que aprendermos a nos relacionar com o tempo de um modo que inclua o conceito da alma imortal, poderemos unir todos os nossos aspectos em outras encarnações na totalidade do momento eterno. Foi para tal finalidade que surgiram os Cristais Elo do Tempo.

Viagem no feixe de luz

O paralelogramo num Cristal Elo do Tempo reflete a luz de modo único. Trata-se da representação cristalina de um feixe de luz; um código programado nesses cristais que pode ser empregado para se viajar no tempo. Enquanto fita o paralelogramo, você começa a sentir um movimento semelhante ao de uma onda que se move para cima e para baixo. Assim que sentir esse movimento, feche os olhos e comece a respirar longa e profundamente no ritmo da onda, inalando quando ela sobe e expirando quando desce. Com a concentração mantida na Estrela da Alma, deixe que o seu corpo de luz viaje nesse feixe de luz branca rumo ao destino que escolheu.

Você pode tornar-se consciente de uma vida que precisa de cura através da sua sintonização pessoal na meditação com um Cristal Elo do Tempo. Esses cristais especializados também podem ser usados no centro do terceiro olho em curas com cristais para ajudarem a erguer os véus da memória quando uma experiência de vida passada tem um efeito direto sobre a atual. Eles também podem ser usados em sessões nas quais aconteceu uma recordação nítida de uma vida passada e é necessário liberar esse padrão de dor e aprender as lições que não foi possível assimilar numa encarnação passada. A finalidade da regressão a vidas passadas ou da progressão a vidas futuras é neutralizar quaisquer ímãs de outras vidas que do mantenham nossa consciência e nossas ações às limitações da terceira dimensão.

Perceba, por favor, que não é seguro usar esses cristais para "viajar no tempo" apenas para ver onde vai parar. Quando o corpo anímico viaja no feixe de luz, é necessário ter um destino conscientemente escolhido e saber de modo exato qual encarnação você quer visitar. As encarnações com que você quer tornar a se ligar serão naturalmente as que lhe podem dar energia de cura e ajudar no seu discernimento presente. É potencialmente perigoso, e representa um desvio psíquico, usar esses cristais para nos unirmos a vidas que não precisam da nossa ajuda pessoal. Se esses cristais forem usados para finalidades do ego, haverá estagnação crescimento espiritual.

Quando estiver usando o Cristal Elo do Tempo você estará agindo como seu próprio espírito guia ou anjo da guarda para com outros aspectos seus nas encarnações passadas ou futuras. Portanto, também se exige que, antes de viajar no feixe de luz, você se concentre na preparação da viagem, de modo a manter uma conexão clara com a fonte enquanto dissolve os limites do tempo. Quer essa experiência seja feita a sós durante a meditação, ou com a assistência de um praticante da cura com cristais, é necessário centrar-se, invocar a Essência Divina e manter uma forte ligação com a sua identidade nesta vida. (Para mais informações sobre concentração e terapia de vidas passadas, leia *As Propriedades Curativas dos Cristais e das Pedras Preciosas*.) Também será útil segurar uma turmalina negra em ambas as mãos para se firmar e estabilizar-se depois desse tipo de viagem no tempo.

A cura de feridas do passado

Os paralelogramos encontrados nos Cristais Elo do Tempo muitas vezes estão próximos de uma Face de Ísis (ver Cristal Ísis, p. 167). Como a finalidade do Cristal Ísis é promover a autocura, esses cristais específicos são os melhores para se usar quando se quer criar uma ponte com uma experiência passada que reteve impressões de sofrimento. Isso pode representar um aspecto da sua própria criança interior desta vida que precisa de nutrição ou uma expressão sua que existe numa realidade paralela em uma zona de tempo distinta. Os Cristais Elo do Tempo primeiro unirão a sua consciência com o seu corpo de luz. Em seguida, à medida que sua alma viaja no feixe de luz para o destino escolhido, você será capaz de ligar-se com o seu antigo eu para comunicar-lhe e transmitir-lhe energia de cura.

Como um exemplo do uso de Cristais Elo do Tempo, eu gostaria de relatar uma experiência pessoal. Quando estava viajando pelo Egito e visitando antigos templos de cura, tomei consciência de algumas encarnações em que fui uma sacerdotisa dos templos. Eu sentia que uma grande tristeza vinha à tona quando pensava nos templos sendo destruídos pelos romanos quando estes invadiram o Egito. Naquela vida passada, achei que a luz estava sendo destruída e que todo o conhecimento contido no interior dos templos se perderia para sempre. Usando um Cristal Elo do Tempo com uma Face de Ísis, viajei de volta e comuniquei ao meu eu então existente o que sei agora. Eu disse à entristecida sacerdotisa que nunca nada poderá destruir a luz e que o conhecimento está ressurgindo numa época futura em que as massas estão prontas para recebê-lo. Com a lucidez que tenho agora, fui capaz de curar as mágoas profundamente arraigadas no meu ser, originadas há milhares de anos. Minha vida presente também foi enriquecida por essa experiência, já que aceitei a realidade de que a luz continua a existir em muitas nuanças e cores e de que sobreviverá a todos os elementos do tempo.

Ao se usarem esses cristais, acontece um fenômeno surpreendente. É como se você pudesse literalmente mudar a história e curar um aspecto de si mesmo no passado que só pode ser curado se você voltar e lhe ensinar o que sabe agora, depois de vidas de experiência. Não só o eu presente se beneficia, como os eus passados têm a oportunidade de colher os frutos da sua experiência acumulada.

O modo como você vai intervir em outro aspecto de si mesmo numa vida passada talvez seja sutil. Seu eu passado pode não estar disposto ou pronto para deixá-lo entrar naquela vida de forma plena, nem para convidá-lo a sentar-se e manter uma conversa. Você pode ter de se mostrar ao seu eu passado como um reflexo num poço, como uma nuvem, um raio de luz, ou de alguma outra forma sutil que não represente uma ameaça. Pode ser que você só seja capaz de transmitir um pensamento ou de plantar sementes no seu subconsciente. Talvez você precise voltar lá várias vezes para transmitir a mensagem e alimentar as sementes que plantou. Depois de cada vez, programe o Cristal Elo do Tempo que você usou para a viagem a fim de que ele mantenha a conexão com o seu outro eu. O cristal com que se trabalha para cada encarnação não deve ser tocado por outras pessoas e tem de ser colocado num altar ou num lugar especial. Deve-se meditar com ele até que as realidades simultâneas tenham se fundido e que o eu passado tenha sido curado.

Colhendo as recompensas futuras

Os Cristais Elo do Tempo também podem ser usados para você se sintonizar com um aspecto de si mesmo que está vivendo no futuro. Nesse caso, uma oportunidade muito especial se apresenta a você. Se puder ver através dos olhos de um eu futuro que vive na Terra duzentos ou trezentos anos mais tarde, você vai saber como o planeta sobreviveu a estes difíceis tempos. Pode ser que você até entre em contato com tecnologias que vão ser desenvolvidas para salvar o planeta da destruição. Se for esse o caso, o conhecimento pode ser trazido para o presente a fim de que se encontrem as soluções necessárias para preservar o meio ambiente, reparar a camada de ozônio e facilitar a paz. Com a ajuda do seu eu futuro, você pode trazer para este tempo de necessidade criações e invenções que só seriam concebidas daqui a centenas de anos.

Eis outro fenômeno que os Cristais Elo do Tempo facilitam. O próprio fato de você ser capaz de ligar-se a um aspecto futuro de si mesmo dá origem à possibilidade de você criar uma nova realidade, tanto no futuro quanto no presente. Ao dar os passos conscientes para atravessar a ponte do tempo, você pode manifestar no futuro o que agora não passa de probabilidade. Trata-se de um ato de passar a perna no tempo, a maior das histórias de ficção. Mas quem pode garantir que o seu eu futuro não está presente em alguma forma sutil para assegurar a sua vida no ano 2300?

Cientistas, técnicos e intelectuais engenhosos se sentirão atraídos por estes cristais para realizarem esse serviço de preservação da vida para o planeta. De início, eles podem não entender o motivo, mas se a sua mente estiver aberta à possibilidade da viagem consciente pelo tempo, eles não só darão grande ajuda ao planeta como acelerarão a própria evolução. Essas pessoas corajosas serão capazes de trazer ao presente o conhecimento futuro que transformará a Terra. Ao fazerem isso, se tornarão as lendas que a história do futuro registrará.

Facilitando o passamento físico

Os Cristais Elo do Tempo com a Face de Ísis também podem ser usados e programados de maneira eficaz para alguém que esteja morrendo. A luz que se reflete no paralelogramo de um Cristal Elo do Tempo conecta-se com a luz de outras dimensões. É nesse raio de luz que a alma pode viajar na hora da morte. Quando um ente querido estiver se aproximando da morte do corpo físico, dê-lhe um Cristal Elo do Tempo para segurar, ficar observando e meditar com ele. Assim que é contatado, esse raio de luz ajuda a pessoa que está na fase de transição a familiarizar-se com o próprio corpo de luz. Logo, na hora da morte, será muito mais fácil para a alma identificar-se com a Essência Divina e libertar-se dos laços físicos.

Depois que a pessoa morre, deve-se colocar o cristal que ela usou com a terminação voltada para o alto em cima de um altar feito especialmente para o falecido. O cristal pode ser programado com pensamentos acerca de como o ente querido vai encontrar o caminho para a luz que há do outro lado. O Cristal Elo do Tempo literalmente criará um raio de luz que a alma, em seu estado não físico ampliado, facilmente poderá descobrir e usar como um guia no processo de transição.

Trabalhar com os Cristais Elo do Tempo dessa maneira representa um grande conforto, tanto para a pessoa que está morrendo como para a que fica no mundo físico. Ambas as partes podem fazer um acordo consciente no sentido de ajudar a alma que parte em sua transição rumo à luz do mundo espiritual. O sobrevivente também sofre menos com o falecimento, pois sabe que está fazendo tudo o que pode para ajudar a alma da pessoa que morre. A ligação com as necessidades da alma, e não com as do corpo ou da personalidade, alivia o sofrimento do sobrevivente e a sua grande sensação de perda. Enquanto medita com esse cristal, o sobrevivente também pode ter uma percepção intuitiva do mundo imaterial e ver a alma de quem morreu dançando num corpo de luz.

Quanto menos apego ao ego, à personalidade, aos entes queridos e às posses materiais houver na hora da morte, tanto mais fácil será a transição. Se a consciência se identificar com o corpo de luz, a alma fará uma transição consciente, abandonará a ilusão deste mundo e se identificará com a Essência Divina. Se uma alma for capaz de fazer isso, o maior de todos os desafios, todos os traumas da vida serão neutralizados e se obterá a liberdade espiritual.

Parte IV

AS PEDRAS CURATIVAS MAIS IMPORTANTES

Introdução às Pedras Curativas Mais Importantes

As pedras descritas nesta parte são aquelas que acabei por amar e respeitar devido ao meu trabalho pessoal com elas. Essas pedras, bem como muitas outras sobre as quais escrevi em *As Propriedades Curativas dos Cristais e das Pedras Preciosas*, são as que me atraíam para si com o intuito de tornar os seus poderes de cura publicamente conhecidos e aceitos. Há muitas outras pedras que merecem esse tipo de atenção e reconhecimento. Se uma pedra não foi incluída neste livro e no citado acima, isso não significa que não seja importante, mas que cabe a você ressoar com ela para ouvir a sua mensagem.

As importantes pedras curativas debatidas nesta parte variam na cor, no objetivo e no uso. Algumas foram descobertas já há algum tempo na Terra, e se manifestaram neste ponto do tempo para fornecerem suas energias especiais de cura no momento em que estamos entrando numa nova era e encerramos um grande ciclo do tempo. Algumas transmitem raios azuis suaves, que podem nos ajudar a edificar os alicerces da paz interior no nosso ser. Outras servem para equilibrar o coração e a mente, sedimentar a força do amor no corpo e transmutar o sofrimento emocional, enquanto revigoram a coragem de amar. Seja qual for o seu objetivo, essas pedras são agentes úteis no processo das Transmissões Cristalinas. Estou certa de que você as amará tanto quanto eu.

Capítulo 15

A ÁGATA AZUL (*BLUE LACE*)

A Ágata Azul nos faz lembrar delicados céus azuis com pequenas nuvens suaves. Ela indica uma expressão de calma e de tranquilidade. Manifestando um raio de luz azul, esse membro da família dos Quartzos trabalha de maneira mais eficiente no Chakra da Garganta e é especificamente dotado de poderes que ajudam a expressão verbal. Sendo o azul a cor do Chakra da Garganta, há várias pedras que podem ser usadas ou colocadas sobre ele, como a Crisocola, a Turquesa, o Larimar, a Amazonita, a Celestita, a Sílica-Gema, a Água-Marinha e a Indicolita. Contudo, nenhuma tem uma aparência mais pacífica do que a presença suave da Ágata Azul.

Fomos amplamente programados para nos reprimirmos. O medo de sermos duramente julgados ou rejeitados tem enrijecido muitos pensamentos e sentimentos. Quando não expressamos com liberdade o que nos vai no coração e na mente, o Chakra da Garganta sofre (bem como o do peito e o da cabeça). Como o Chakra da Garganta está localizado entre o coração e a cabeça, sua finalidade é servir de meio de expressão para os nossos pensamentos e sentimentos. No entanto, quando deixamos de exercer essa liberdade, o Chakra da Garganta pode ficar tensionado, o que resulta em males como dores de cabeça, tensão no pescoço e nos ombros, infecções das amígdalas e do sistema linfático, laringites e problemas da tireoide. O pior dos problemas é que, assim que os modelos opressivos se instalam, se torna cada vez mais difícil reconhecer, até mesmo internamente, o que se sente ou pensa de fato. Na nossa sociedade, os homens foram especialmente programados para negligenciar a sua natureza sensível. A Ágata Azul é uma pedra ideal para as pessoas que estão dispostas e prontas a expressarem exatamente o que pensam e sentem. Colocada no Chakra da Garganta, nos esquemas de cura com cristais, ela ajuda bastante na verbalização de pensamentos e sentimentos, conhecidos ou desconhecidos.

A Ágata Azul exemplifica os canais harmoniosos da expressão com o seu delicado azul-claro de fundo, cruzado por linhas mais claras de branco. Você pode levar uma Ágata Azul consigo ou usá-la sempre que quiser ter uma conversa tranquila e sincera. Como é de sua natureza transmitir a paz do raio azul, essa Ágata de Quartzo pode ser colocada sobre qualquer parte do corpo que precise de uma energia calmante, revigorante e suave. Ela é especialmente boa para a neutralização de energias vermelhas como a raiva, as infecções, as inflamações ou as febres.

A Ágata Azul limpa e prepara o caminho para as pedras da oitava superior do Chakra da Garganta canalizarem as verdades que estão latentes no reino da alma. Depois que ela tiver ajudado a abrir o Chakra da Garganta para a expressão básica de pensamentos e sentimentos, podem-se usar a Água-Marinha, a Indicolita, a Celestita e a Sílica-Gema para expressar o conhecimento superior através do poder da palavra falada. Quando se usam essas pedras com esse objetivo, os Cristais Canalizadores (veja *As Propriedades Curativas dos Cristais e das Pedras Preciosas*, pp. 263-69) também são úteis.

O Chakra da Garganta é um poderoso centro de energia, que tem a capacidade de concentrar e direcionar o fluxo sonoro para a manifestação da criação. A Ágata Azul, ligada à terra, mas cheia de uma presença tranquila, permite que as pessoas tenham acesso aos próprios pensamentos e sentimentos e lhes deem vida. Assim se lançarão os alicerces para uma plenitude maior do processo criativo.

Capítulo 16

A CELESTITA

A Celestita está impregnada com a essência dos reinos celestiais. Trata-se de um cristal límpido, azul-claro, com terminação natural, que habitualmente é encontrado em aglomerados ou formações geoides. A Celestita facilita o esforço calmo e a clareza mental mais do que quaisquer outras pedras de raio azul. Embora dê a impressão de ser tão dura quanto um Quartzo Azul-Celeste, na verdade ela é macia, frágil e sensível ao calor. Se for exposta à luz solar direta durante muito tempo, é capaz de desbotar para uma nuança mais clara de azul ou até mesmo de perder a cor.

Você já olhou para um céu azul e simplesmente deixou que a sua mente se expandisse na amplidão do espaço? Se o fez, já sentiu a essência da Celestita. Essa bela entidade cristalina tem o potencial de acompanhar a consciência humana aos reinos celestiais, onde os pensamentos podem se libertar dos cuidados e das preocupações da existência física. O raio azul refletido pela Celestita é uma pura representação da profunda paz interior que se encontra quando a mente transcende os níveis inferiores do pensamento e estabelece uma identificação com o ser puro. A

Celestita nos ajuda a manter uma sensação de segurança pessoal enquanto a consciência adquire uma dimensão mais ampla. Ela convida a mente a entrar num estado de abertura ilimitada e de total consciência, sem a influência de pensamentos, fragmentos de ideias ou noções conceituais. Se colocada no ponto do Chakra Causal, o poder luminoso dessa pedra azul elevará a consciência a um estado de atenção silenciosa no qual formas de pensamento pacíficas podem ser plantadas nos níveis causais da mente.

Quando se obtém a paz desse tipo, um grande poder é incorporado. Com a percepção totalmente aberta, indefinida e vazia de expectativas, passa a vigorar um novo tipo de força. No passado, em geral, "força" foi definida em termos de "a força é o direito". A história humana registrou vários capítulos em que tribos, nações e países obtiveram o domínio unicamente pela força física. Agora, a Celestita introduz uma nova definição de força, uma definição que transforma a espada da batalha num campo de flores. A beleza extraordinária de uma flor é extremamente simples, mas pode dar uma grande lição. Uma flor confia na verdade inata. Ela sabe que a sua semente se enraíza na terra e que todas as suas necessidades serão atendidas pelo Criador.

A Celestita nos transmite a mesma mensagem de confiança, mostrando-nos que também podemos encontrar nossa verdadeira segurança. Basta que abramos nossa mente ao vasto mar do espírito, que por certo nos ajudará a superar provas e atribulações da vida terrena. Se for colocada no terceiro olho, a Celestita nos transmite uma visão de coexistência pacífica e de interação harmoniosa com todos os outros aspectos da criação. Uma vez fixada na mente, essa impressão mental se torna uma possibilidade real que pode tomar forma física palpável.

Como a cor azul-celeste está associada com o Chakra da Garganta, a Celestita também é um cristal eficaz para ser usado ou colocado nesse centro energético. Ela ajuda a traduzir as impressões causais de paz nas palavras exatas que estabelecerão ainda melhor a realidade da tranquilidade por intermédio do som. A Celestita é uma pedra maravilhosa para se usar dessa maneira quando se tenta conscientemente conseguir calma em circunstâncias ou relacionamentos que provocam tensão. Quando ela é usada desse modo, também é eficaz trabalhar-se com um Cristal Canalizador para facilitar a clara expressão da sua mensagem (veja *As Propriedades Curativas dos Cristais e das Pedras Preciosas*, pp. 263-69). Quando se medita ou se dorme com uma Celestita, ou quando se leva uma no bolso, sua frequência azul suave serve para esfriar e tranquilizar uma mente hiperativa, para acalmar emoções turbulentas e para relaxar os músculos tensos, já que transmite o verdadeiro significado da passividade. Sua presença forte, amorosa e tranquila torna a Celestita uma companhia confiável e uma amizade que vale a pena cultivar nesta época de transição que encerra esta era.

Capítulo 17

A CAROÍTA

Mais uma vez se apresenta uma pedra que tem a elegância do raio púrpura. Como a Luvulita (veja Sugilita – *As Propriedades Curativas dos Cristais e das Pedras Preciosas*, pp. 137-41), a Caroíta foi descoberta na afastada região do Rio Chara, na Sibéria. Até o momento, esse é o único depósito conhecido. Como a Luvulita, ela também se manifestou numa época em que, como raça humana, nós estamos com extrema necessidade de sua energia e essência. Trabalhando em conjunto com suas companheiras do raio roxo, a Ametista, a Fluorita e a Luvulita, esta presença recém-chegada nos aproxima um pouco do alinhamento com a nossa alma, que é representado pela cor púrpura.

A Ametista é a principal pedra de meditação, para nos ligar à sabedoria inata do centro do terceiro olho (veja *As Propriedades Curativas dos Cristais e das Pedras Preciosas*, pp. 96-99). A Fluorita é uma pedra multidimensional que organiza o conhecimento interior a ser captado e usado de forma construtiva pela mente (veja *As Propriedades Curativas dos Cristais e das Pedras Preciosas*, pp. 122-29). A Luvulita assenta a essência nobre da lavanda, vinda do etéreo, nos reinos do pensamento, para ser usada na compreensão mental, no entendimento e na cura física. Agora, permitam-me apresentar a Caroíta, que fez uma aparição marcante para desempenhar outro papel de grande importância na manifestação do "céu na terra".

A Caroíta é uma pedra mosqueada; isso significa que, dentro de seus variados matizes de preto, branco e numerosas nuances de púrpura, podem ser testemunhadas formas, figuras e imagens com significado consciente ou subconsciente. Muitas vezes a Caroíta lembra os reinos etéricos, já que esboços de formas e lampejos de energia dançam nas camadas de suas profundezas.

No processo do alinhamento com a alma, muitas vezes há temores conscientes ou subconscientes que nos impedem de abraçar tudo o que verdadeiramente somos. Com demasiada frequência somos atormentados por profundos sentimentos de ausência de valor pessoal, de impossibilidade de agir, de culpa e de medo. O condicionamento social, religioso e planetário a que todos fomos submetidos desde o nascimento muitas vezes reforça a ideia de que nascemos em pecado e que, portanto, nunca poderemos nos unir com o Criador enquanto estivermos vivos. Todos fomos afetados por essas noções limitadas da realidade, em maior ou menor grau. Se aceitamos esses programas mentais e nos rendemos a essa estrutura mental, o máximo que podemos esperar é a comunhão com a Divindade quando estivermos mortos e, ainda assim, se vivermos de acordo com uma série muito limitada de leis e de dogmas e aderirmos a ela. A Caroíta veio para compartilhar conosco a existência de outras possibilidades. Ao fazer isso, ela cria sua magia para nos ajudar a apagar os programas mentais, as atitudes e as formas de pensamento restritivas que mantêm a nossa consciência presa ao pecado, à culpa e ao medo.

O fato de a Caroíta apresentar a cor preta em sua matriz indica duas coisas importantes. Em primeiro lugar, significa que essa pedra anímica tem a capacidade de fixar a essência do raio púrpura nas frequências mais densas do pensamento e da matéria. É aí que os efeitos do condicionamento restritivo terminam por se manifestar em doenças mentais e físicas. Em segundo, a Caroíta tem o poder de dissolver os padrões do medo que criam escuridão na mente e obscurecem a luz da alma.

O primeiro obstáculo que tem de ser dissolvido é o "medo do medo". A Caroíta tem a habilidade de entrar nos reinos astrais inferiores. É aí que o medo nos impede de lidarmos com as fontes arraigadas da desconfiança, geneticamente herdadas de gerações de programação imprópria e de pensamento limitado. A Caroíta nos estimula a atravessarmos esse limiar inicial, pois transmite energia e coragem à nossa mente.

A verdadeira batalha a ser travada dentro de cada um de nós é a de enfrentar o próprio medo. Todos fomos controlados e enfraquecidos pelo demônio do medo, que nos usurpou o poder e nos deixou inutilizados para governarmos o nosso próprio destino. A Caroíta é destemida diante desse demônio e ilumina a mais feia careta, tornando-a menos sisuda, pois afasta a besta com a luz da alma.

O medo pode agir com muita sutileza. Talvez você nem mesmo saiba que é dominado por ele. Talvez pense: "Medo? Eu não!". Se o fizer, você precisa olhar para o seu íntimo e verificar se está num estado de completa paz. Acaso você está manifestando todo o seu potencial como um ser humano de luz? Está vivendo num estado de harmonia, amor e alegria em todos os aspectos da sua vida? Seu corpo espiritual, mental, emocional e físico tem perfeita saúde? Se isso não acontece, é mais do que provável que emoções como o medo tenham penetrado invisivelmente nos seus pensamentos e sentimentos, e a Caroíta pode ser útil para a sua vida.

Saiba conscientemente que, se houver temores conhecidos ou desconhecidos à espreita, a Caroíta os trará à tona. Nesse sentido, a Caroíta se assemelha à Malaquita ou à Obsidiana Negra, já que você tem de estar plenamente consciente dos seus efeitos antes de fazer uma experiência pessoal com essa pedra. Pode ser que você precise de tempo e esforço para processar os medos que serão revelados e evidenciados pela meditação com a Caroíta. Se você estiver consciente e preparado, pode haver uma purificação e uma cura significativas.

Além de trazer os medos à superfície, a Caroíta também ajuda a fortalecer seus pensamentos com a coragem e a força de vontade para dissolver os padrões de medo que existem na mente. Ela é uma das mais eficazes pedras para se usar quando se enfrentam os demônios do medo, sejam eles aspectos de você mesmo ou entidades que se apegaram à sua aura. (Para mais informações sobre esse assunto, leia *As Propriedades Curativas dos Cristais e das Pedras Preciosas*, pp. 239-43). Assim que esses padrões forem apagados, pode-se cumprir o verdadeiro objetivo da alma.

A Caroíta pode ser usada no centro do terceiro olho nas curas com cristais quando a pessoa está pronta a abandonar o medo e a tornar-se consciente do objetivo da sua alma. Quando você estiver facilitando uma cura com cristais desse tipo, primeiro siga os procedimentos terapêuticos detalhados em *As Propriedades Curativas dos Cristais e das Pedras Preciosas* e ajude a pessoa a liberar o medo. Em segundo lugar, trabalhe com ela para redefinir quem ela é segundo a sabedoria da alma e para descobrir qual o verdadeiro objetivo da sua vida. Por fim, elabore um eficaz plano de manutenção que torne manifesta a luz da alma nas atividades do dia a dia.

A Caroíta também pode ser usada quando se fazem exorcismos para afastar entidades intrusas. Nesses casos, siga de novo os procedimentos terapêuticos e leia com atenção o Capítulo 11 de *As Propriedades Curativas dos Cristais e das Pedras Preciosas*. Coloque ao menos uma peça de Caroíta no terceiro olho e outra na área do corpo à qual a entidade se apegou. Essa parte do corpo (ou centro do chakra) provavelmente estará mais fraca ou doente. Ajude a pessoa a fortalecer a própria vontade e insista para que a força intrusa se vá para sempre. Se a entidade for de boa paz, envie-a de volta à própria fonte ou para a luz. Se não for, insista, exigindo que ela vá embora, envolva-a com luz e faça a pessoa afirmar que ela nunca mais voltará à sua aura. Continue usando a Caroíta no terceiro olho e na área dominada pela entidade, enquanto circunda o corpo com agregados de Quartzo transparente para fechar a aura. Ajude a pessoa a tornar-se consciente do propósito da sua alma. Ao usar-se a Caroíta dessa maneira, é importante elaborar um bom plano de manutenção para que a pessoa continue a fortalecer a vontade, a estabilizar novos padrões mentais e a criar um sentido de independência e segurança pessoais. (Veja *As Propriedades Curativas dos Cristais e das Pedras Preciosas*, Capítulo 12.)

Sempre que quiser alinhar-se com a essência da alma e conscientizar-se de seu verdadeiro propósito na Terra, você poderá usar uma Caroíta, levá-la consigo ou meditar com ela. Ela pode ser usada para diminuir o medo de qualquer tipo, especialmente os medos que limitam a expressão de sua luz inata e suas manifestações. A Caroíta é uma companhia maravilhosa para se levar para a cama junto com uma Ametista sempre que o estado do sono é perturbado pelas batalhas ou medos do astral inferior, que surgem nos sonhos a partir do subconsciente.

Em resumo, a Caroíta é a pedra anímica que tem controle sobre o medo. Nós também podemos ter o mesmo controle. Então, e somente então, a força da alma se unirá ao corpo, a porta do nosso coração se abrirá de par em par e a nossa mente será totalmente livre. A coragem exemplificada na Caroíta agora está sendo transmitida, capacitando-nos a nos alinharmos com o raio púrpura da alma e a concretizarmos nosso destino na Terra.

Capítulo 18

A CUPRITA

Tal como a Hematita, a Cuprita nasce quando os gases etéreos fazem sua mágica com os metais terrenos. A Hematita é criada quando o ferro é exposto ao oxigênio, e a Cuprita nasce quando o cobre é exposto ao oxigênio. Sendo um cristal de cobre, a Cuprita é conhecida vulgarmente como "Rubi de Cobre" e não há nada que se iguale à sua verdadeira cor de sangue. Até mesmo a mais vermelha das Cornalinas não pode se comparar em profundidade e grau com a Cuprita.

Como a sua companheira, a Hematita, a Cuprita se classifica entre as três principais pedras capazes de afetar diretamente a corrente sanguínea. Com a capacidade purificadora da Cornalina e as propriedades de fortalecimento do sangue da Hematita, temos à mão os meios para trabalhar diretamente com a limpeza, a cura e a manutenção do fluido vital do corpo físico. Agora vamos incluir a Cuprita em nosso repertório de pedras que têm a energia vermelha do sangue.

O oxigênio é absolutamente imprescindível para a nossa sobrevivência física. É através da respiração que recebemos o oxigênio que alimenta todos os órgãos, tecidos e células do corpo físico. Também é através da respiração que assimilamos aquilo que os yogues orientais denominam "prana", ou força vital. Se não recebe alimentos, o corpo físico ainda é capaz de sobreviver durante semanas. Também podemos viver alguns dias sem beber água. Mas, sem oxigênio e sem prana, não podemos manter a vida física nem por dez minutos. Muitas terapias se concentram na revitalização dos corpos físico, mental e emocional usando o poder da respiração. Quanto mais oxigênio e prana forem assimilados pelo sistema humano através da corrente sanguínea, tanto mais esperança haverá de cura física, de recuperação das energias, de aumento da vitalidade e de inspiração.

O prana é a força espiritual que permeia tudo e que exerce um efeito direto sobre os corpos sutis; o oxigênio é o meio através do qual essa força é dirigida para o corpo físico. Portanto, oxigenar o sangue e carregar o corpo com a força vital prânica são as duas chaves principais para curar e reconstruir a estrutura humana. Com graça, mas com força, a Cuprita envolve tanto o sutil quanto o físico, fundindo a força vital com a matéria, numa brilhante corporificação da verdadeira energia vermelha. Quando colocada sobre o corpo físico ou usada em contato com ele, a cor vibrante da Cuprita se reflete na aura. Na verdade, ela convida mais forças prânicas a entrarem no campo energético da pessoa a fim de serem usadas pela respiração e transferidas para as células do corpo.

Como nasce quando um metal vermelho (cobre) é exposto ao oxigênio, a Cuprita age como um catalisador, possibilitando uma maior oxigenação do corpo físico. A Cuprita pode ser colocada diretamente sobre as áreas doentes do corpo, as que estão inativas ou as que precisam de um impulso de energia. Junto com os exercícios respiratórios e com crescentes movimentos aeróbicos, a Cuprita pode ser usada no corpo ou na meditação para melhorar a vitalidade e o bem-estar gerais. Trata-se de uma pedra perfeita para ser colocada sobre a área do peito a fim de reconstruir o tecido dos pulmões depois de inalarmos a atmosfera poluída ou de fumarmos. A Cuprita também é uma das pedras mais eficazes para pacientes com aids ou câncer. Ela estimulará maiores forças vitais, para que estas reconstruam os sistemas circulatório e imunológico pelo aumento de prana e de oxigênio nas células vermelhas e brancas do sangue (veja o Capítulo 26 sobre aids).

Sabe-se que o cobre é um dos melhores condutores de energia. A lenda afirma que as grandes pirâmides do Antigo Egito tinham pedras de cobertura feita de cobre e de cristal. Essas pedras de cobertura eram especificamente projetadas para conduzirem energia de alta frequência, utilizada no teletransporte e na comunicação telepática com outros sistemas estelares. O cobre é muito macio e maleável. É regido por Vênus, o planeta do amor. A Cuprita herdou as mesmas qualidades do planeta Vênus e é capaz de se ajustar à condução amorosa das frequências da energia vital ao organismo humano. Se colocada diretamente sobre o coração, as artérias e/ou veias, ela servirá para transmitir as correntes vitais de energia para o sistema circulatório e através dele.

A Cuprita muitas vezes se une à Crisocola (veja *As Propriedades Curativas dos Cristais e das Pedras Preciosas*, pp. 117-22 e 161-62), que é uma pedra energizante feminina. O casamento entre o vermelho vital e o azul calmante nos dá ainda maior compreensão da utilidade múltipla dessa pedra. A Crisocola adiciona um elemento suavizante à intensa energia vermelha que só a Cuprita projeta. Equilibrando extremidades opostas do espectro, essa combinação de raios coloridos pode ser usada para o rejuvenescimento dos órgãos de reprodução femininos quando colocada sobre a região do útero e dos ovários. É uma excelente companhia para as mulheres que estão passando por uma mudança na vida, recuperando-se do parto, de incisões devidas à cesariana, de histerectomias, e para as que sofrem de infertilidade ou de distúrbios menstruais.

A Cuprita-Crisocola também é uma grande amiga das pessoas que estão conscientemente tentando suavizar tendências à hiperagressividade, dotando-as de um maior sentimento afetivo. A Crisocola exemplifica a força feminina e a Cuprita representa a afirmação masculina. O casamento entre as duas nos mostra que podemos harmonizar nossos próprios aspectos masculinos e femininos, como vemos nos relacionamentos bem equilibrados. Além de fundir suas energias com as da Crisocola, de vez em quando a Cuprita também pode ser unida ao azul-índigo da Azurita e ao verde-escuro da Malaquita.

Tendo uma presença vermelha tão forte, a Cuprita acabou por receber o apelido de "A Pedra Guerreira". Como a Rodonita e algumas formas do Larimar, a Cuprita ajuda a fortalecer a vontade de modo que possamos aceitar melhor a responsabilidade pelo que criamos em nossa própria vida. Ao fazê-lo, é realizado um maior potencial e atingidos o crescimento e a liberdade pessoais. Quando meditamos com essa pedra, ela nos fortalece para que façamos as necessárias mudanças de atitude, de sentimentos e de estilo de vida a fim de promovermos um sentido mais completo de totalidade e de bem-estar. Com o fortalecimento da vontade, torna-se possível substituir sentimentos e atitudes destrutivas como a culpa e a sensação de inutilidade por autoestima e perdão dos próprios erros.

A Cuprita é um parceiro especialmente bom para as pessoas que receberam um diagnóstico de pacientes terminais e que estão determinadas a se curvarem e a mudarem de modo radical sua vida e seus pontos de vista. A Cuprita é uma pedra que fortalece todos os aspectos do ser com maior vitalidade, enquanto reconstrói as estruturas (sutis ou físicas) deterioradas pelos padrões impróprios de vida. Essa pedra incorpora grande força, energia criativa, propriedades regeneradoras e coragem, que podem ser fácil e eficazmente transmitidas a uma mente, a um coração e a um corpo receptivos.

A Cuprita é extraída de minas nos quatro cantos dos Estados Unidos, país que é um dos vórtices de abertura de força do sudoeste.

Em geral, ela é opaca e reconhecida por sua verdadeira cor vermelha profunda. A Cuprita não é tão comum quanto outras pedras de cura, mas está se tornando mais disponível para os que de fato precisam das suas transmissões. Trata-se de uma valiosa contribuição para os praticantes da cura com cristais que trabalham com os pacientes de câncer e de aids, bem como para quem está tomando decisões conscientes sobre o que decidiu ser, para onde está se dirigindo e como vai reconstruir e recriar sua vida.

impedir a vulnerabilidade. Assim que entra nos santuários interiores onde o sofrimento foi convenientemente reprimido, o Dioptásio envia seus raios de cura aos sentimentos esquecidos de traição, abandono, de luto e de tristeza. Em seguida, sua energia verde curadora ativa a capacidade natural do coração para curar-se e colher a safra das lições do amor. Usado com o Cristal Ísis (ver p. 167), o Dioptásio dá grande conforto e contentamento aos corações que têm medo de amar outra vez, devido ao medo de perder. Usado no ponto do terceiro olho, o Dioptásio leva verdade e entendimento às pessoas cuja culpa e falso sentido de responsabilidade assumiram o encargo de tentar controlar o destino dos outros.

O Dioptásio renova o poder do amor de curar qualquer ferida, por mais profunda ou acentuada que seja. Ele provoca um rejuvenescimento da coragem do coração para amar ainda mais profundamente, com mais entrega e dedicação do que nunca. A energia única que o Dioptásio irradia tem o poder de nos conectar com o coração dos corações, a própria fonte do amor. A essência pura do amor que pode ser vivida e aceita nesse nível cura danos emocionais e abre o caminho para transmutar o sofrimento emocional e ressuscitar a presença de Cristo dentro de nós. Ela transmite o próprio poder do amor, ajudando na identificação com a paz e a compaixão interiores, e não com realidades, pessoas ou situações transitórias.

O sofrimento de amor vivido quando se perde alguém que se ama está profundamente arraigado no sentido inconsciente de separação do nosso próprio eu. Ansiando pela reunião com a nossa própria alma, nós a buscamos fora de nós sob a forma de relacionamentos. No entanto, não importa quanto amor recebamos das fontes externas, este nunca poderá satisfazer plenamente a sensação de vazio que brota do íntimo. O Dioptásio é a mais poderosa entidade cristalina capaz de curar as feridas de amores perdidos, de tal forma que o coração possa descobrir sua verdadeira realização no próprio eu.

O Dioptásio primeiro afasta as antigas percepções da maneira como nos relacionamos com o amor. Em seguida, a sua poderosa essência vital verde nos ajuda a reconstruir novos alicerces, cuja pedra fundamental está na essência da mais poderosa força do Universo: a compaixão. Com o uso continuado do Dioptásio e a meditação com essa pedra, é possível que a identidade se concentre no próprio coração de Deus e se aprenda o verdadeiro significado do amor incondicional. Usado com a Calcita Rosa, o Dioptásio nos ajuda a viver num estado de espírito que traduz um novo significado de amor para qualquer relacionamento e circunstância, e para todos os pensamentos, sentimentos e ações.

Temos muita sorte de receber as bênçãos dessa pedra incrivelmente bonita. Não estamos prontos para desistir da definição e dos modos antigos de amar que só podem resultar em perda e em sofrimento? Não é tempo de curar as regiões do coração que foram feridas e repetidamente golpeadas pela tentativa de sentir o amor de um modo tão limitado? Não estamos prontos para mergulhar no âmago do nosso ser e NOS TORNARMOS aquilo que estamos procurando há muitas existências? É chegada a hora de fazê-lo, e o Dioptásio está aqui para servir à transmutação do sofrimento emocional e à transformação do nosso ser.

O Dioptásio é muitas vezes confundido com cristais de Esmeralda, pois seus cristais em colunas oferecem a mesma qualidade esverdeada destes. Suas cores de tirar o fôlego variam do verde-escuro ao verde azulado. O Dioptásio é caro e bem difícil de localizar, sendo extraído principalmente na Rússia e no sudeste da África. Sugiro vividamente que você se ponha a procurá-lo e pague o seu preço. Prometo que você não vai se arrepender.

Capítulo 20
O LARIMAR

O Larimar é uma pedra que transmite emanações pacíficas do Deva do Raio Azul. Ele é extraído de minas de uma ilha do Mar das Caraíbas (Antilhas). De forma muito semelhante à Luvulita, hoje essa pedra só é encontrada nessas cercanias e se presta a uma única finalidade para a humanidade desta época. Tendo sua origem perto do belo mar azul das Antilhas, essa pedra captou a essência da água e do ar. A água está associada com as emoções, e o ar, com os pensamentos. Portanto, o Larimar tem uma relação muito específica com as emoções e com os pensamentos. É como se essa pedra criasse uma sinapse necessária entre o pensamento e o sentimento, estabelecendo uma ligação de paz que une a mente e o coração ao raio azul da tranquilidade.

Os pensamentos negativos costumam provocar sentimentos turbulentos. Da mesma forma, o desequilíbrio emocional pode anuviar as percepções mentais. O Larimar se assemelha a um fio angelical que tece as impressões de harmonia pacífica entre o coração e a mente. Ele também ajuda a neutralizar e a dissolver velhos modelos conflitantes que podem nos manter separados e dissociados de certos aspectos do nosso eu. Colocado no coração e no terceiro olho, junto com uma Lepidolita em esquemas de cura com cristais, pode levar a grandes progressos no tratamento de perturbações esquizofrênicas ou de qualquer doença física resultante do descompasso entre a mente e o coração.

O Larimar é vulcânico por natureza, e se desenvolve de uma fonte incandescente, mas tem o mais calmo e suave azul que se possa imaginar. Com essa pedra podemos aprender como esfriar a energia inflamada dentro de nós mesmos e como acalmar emoções ardentes como a raiva, a frustração, o desejo e a cobiça. O Larimar é imbatível em sua capacidade de esfriar os sentimentos exaltados da raiva que podem arder no plexo solar. Usado no plexo solar, no fígado e na região estomacal durante a meditação ou nas curas com cristais, o Larimar faz maravilhas ao transmutar os rios turbulentos da raiva rubra nos reservatórios azuis da paz pessoal. Essa é uma das bênçãos oferecidas pelo Deva Azul que vive no Larimar.

Pode-se colocar um Larimar sobre qualquer parte do corpo onde haja excesso de energia, pois ele vai suavizar a força vital e redistribuí-la para áreas deficientes. Para se conseguir este resultado, deve-se colocar uma pedra sobre a área em que existe o excesso. Outra pedra deve ser colocada na área para onde a energia tem de ser dirigida. Em seguida, usa-se um gerador de Quartzo simples para movimentar a energia, levando-a ao lugar desejado. O Larimar também é uma boa pedra a ser usada pelos acupunturistas para equilibrar a força vital nos meridianos do corpo. Também é facilmente utilizável por leigos que desejem restabelecer o equilíbrio das correntes de energia entre os seus próprios chakras.

Além de reticulações brancas semelhantes a nuvens, de vez em quando o Larimar também exibe padrões dendríticos verdes ou vermelhos sobre o fundo azul suave. Essa pedra é particularmente boa para as pessoas ternas, gentis e não agressivas que, por isso, tendem a ser atropeladas e empurradas de um lado para o outro. O Larimar Vermelho Esverdeado construirá fortes poderes de projeção pessoal para essas almas gentis que precisam aprender a dizer: "Não, você não pode abusar nem tirar vantagem de mim". Essa capacidade de dizer "NÃO" aumenta a força pessoal e ajuda esses amantes da paz a manter sua delicadeza, enquanto equilibram sua natureza passiva em excesso com uma ação deliberadamente positiva. Essa pedra é particularmente boa para as crianças que iniciam a vida escolar em sistemas que estimulam a agressividade. Usado com a Rodonita, o Larimar Vermelho fortalece a paz e o amor no íntimo das crianças. Ao mesmo tempo, ajuda a desenvolver a força que lhes permite exteriorizar esse poder espiritual em seu mundo.

O cenário corporificado no Larimar se parece com a entrega de um artista sintonizado aos elementos combinados do mar e do céu. Ele retrata as belas paisagens azuis suaves, fundindo o movimento do oceano com os suaves flocos das nuvens. O mar e as nuvens estão num perpétuo estado de movimento e de mudança, nunca mantendo um sentido de permanência. Essa beleza transitória sempre enlevou e inspirou a alma dos artistas, dos músicos e dos escritores. O Larimar pode ser usado por essas pessoas talentosas para estimular a criatividade, ativar a imaginação e inspirar o espírito.

O Larimar também é uma influente pedra de cura com a qual se pode meditar, e que pode ser levada ou usada quando se é perturbado pela impressão de impermanência física ou pela percepção da natureza transitória da vida. Ele pode ser um amigo calmante e tranquilizante para os adolescentes. Nessa fase específica da vida, os jovens adultos muitas vezes se sentem deprimidos e desencorajados quando tentam estabelecer sua identidade no mundo, sendo ao mesmo tempo postos diante da percepção de que nada que pertence ao plano físico dura para sempre. Essa, na verdade, é uma das iniciações espirituais ao longo do caminho rumo à iluminação. O Larimar de fato catalisa a busca pela verdade e pelo significado maiores da vida. É uma pedra excelente para ser usada em tempos difíceis como estes. Ele expressa a natureza sempre mutável da vida, ao mesmo tempo que transmite uma sensação de paz eterna ao coração da matéria.

Sendo etérica por natureza, essa pedra de paz irradia a pura substância espiritual para os chakras superiores da cabeça. Por isso, pode ser usada na criação de novas formas de pensamento. Empregado nas curas com cristais no terceiro olho, na risca dos cabelos, no centro da coroa ou no ponto do Chakra Causal, o Larimar ajuda a criar novas sinapses etéricas entre a Estrela da Alma, a mente e o corpo físico. Quando essas novas linhas de energia são estabilizadas, a mente é capaz de funcionar com frequências de ondas cerebrais superiores, permitindo que os novos circuitos liguem os pensamentos ao espírito. Isso nos leva a um estado ativo de raciocínio, ao mesmo tempo que mantemos uma conexão consciente com a pacífica quietude da meditação profunda. Uma perfeita companhia para o Larimar, quando usado para essa finalidade, é uma Sílica-Gema (veja *As Propriedades Curativas dos Cristais e das Pedras Preciosas*, pp. 117-22). Quando colocada junto com o Larimar no terceiro olho, a Sílica-Gema abre a visão etérica de modo que o Larimar possa canalizar e fixar a substância etérica na mente, deixando-a ao dispor da intuição e do intelecto. Como o azul-celeste é a cor natural do Chakra da Garganta, o Larimar também pode ser colocado nele quando se desejam expressar oralmente ideias recém-formuladas. O Larimar também pode ser usado ou posicionado no Chakra da Garganta para aliviar a dor irritante das laringites e das amigdalites.

Como você pode ver, o Larimar é parecido com a Sílica-Gema, porque também é uma pedra com múltiplas utilidades e pode ser usado de várias maneiras, em várias circunstâncias e por muitas pessoas. A presença angelical que reside no Larimar ama e aceita incondicionalmente todas as pessoas. Logo, quem usar o Larimar será beneficiado por suas emanações pacíficas. Use essa pedra quando você quiser despertar a paz celestial em si mesmo, ou, nas curas com cristais, para facilitar a agitação física ou mental da pessoa. Chame o Deva do Raio Azul e evoque os seus poderes para a sua vida. Saiba que, à medida que se identificar com esse Deva, você se transformará nele e herdará a virtude da tranquilidade num mundo em constante mudança.

Capítulo 21

A LEPIDOLITA

A Lepidolita se assemelha bastante à Kunzita, pois manifesta o raio rosado violáceo. Sempre que esse novo raio de cor se apresenta, podemos supor que vamos trabalhar com uma energia que ajuda a equilibrar o coração (rosa) com a mente (roxo). A Lepidolita varia do rosa-claro pálido ao roxo-escuro profundo, mas, na maioria das vezes as duas nuanças se combinam graciosamente numa mistura perfeita. Se, entretanto, tiver um grau maior de rosado, a pedra de Lepidolita atuará com mais eficácia no processo de suavizar um coração perturbado. Se o raio púrpura for mais forte, ela será mais útil para acalmar e equilibrar uma mente hiperativa.

Hoje há uma crescente necessidade de equilibrar as polaridades, sejam os lados masculino e feminino de nós mesmos, o físico e o espiritual ou o coração e a mente. O reconhecimento e a aceitação de cada aspecto são essenciais para alcançarmos a paz interior e criarmos um sentido de integridade pessoal. A Lepidolita está entrando em cena nesta época de fusão como mensageira da androginia e para nos ajudar a responder perguntas do tipo: Como construir uma ponte entre os sentimentos anímicos do coração e as impressões conscientes da mente superior? Como criar um novo modo de ser fundindo o conhecimento mental com o conhecimento do coração? Como reconhecer dois aspectos aparentemente opostos de nós mesmos e dar crédito a eles, unificando-os de tal modo que cada um apoie e fortaleça o outro? A Lepidolita, com sua capacidade para harmonizar perfeitamente o raio rosado violáceo, é um mestre ideal para essas lições. Trata-se de um exemplo do modo de construir a ponte que facilita o casamento do coração com a mente.

Além disso, a Lepidolita é uma excelente pedra de cura de tudo o que estiver impedindo a fusão entre a mente e o coração. Com demasiada frequência as pessoas se identificam de modo exagerado com seus processos intelectuais e com suas formas de pensamento (em geral, masculinos), ou com seus programas e reações emocionais (em geral, femininos). A Lepidolita funde a suavidade do Quartzo Rosa com o delicado violeta da Ametista e transmite a energia apropriada à calma e à autocura. Com o aumento da sua influência nos reinos espirituais, os padrões de demasiada identificação com os programas mentais ou emocionais são suavizados. Trata-se de uma pedra que pode ser usada, nos esquemas de cura pelos cristais, em qualquer lugar entre a testa e o plexo solar. Ela tem um efeito muito calmante e suavizante, quer colocada perto do Chakra do Coração, para despertar novamente o "sentimento espiritual", ou no terceiro olho, para reascender o conhecimento intuitivo.

O material de que a Lepidolita é composta é a mica de lítio. O lítio é um metal mole branco-prateado e o mais leve dos elementos sólidos. Os sais de lítio são amplamente usados no tratamento dos esquizofrênicos e dos maníaco-depressivos. Grande parte das tendências esquizofrênicas diz respeito a personalidades separadas que se desenvolvem numa pessoa quando os seus sentimentos não estão alinhados com os pensamentos. Não é interessante que um remédio seja feito de uma pedra cuja forma natural serve para equilibrar a mente e o coração? A Lepidolita pode ser usada ingerida nos elixires feitos com pedras roladas ou lapidadas (veja *As Propriedades Curativas dos Cristais e das Pedras Preciosas*, pp. 42-3) e colocada na água do banho; pode-se meditar com ela ou colocá-la sobre o corpo para aliviar, equilibrar e harmonizar os corpos mental e emocional.

Algumas Lepidolitas apresentam uma atração a mais: muitas vezes uma Turmalina Rosa dá um jeito de se insinuar dentro dessa pedra. Que melhor companhia para se ter junto com um coração e mente equilibrados do que essa joia que facilita a melhor expressão prazerosa do amor? Além disso, não é interessante observar que a fusão dessas duas pedras serve a essa finalidade comum? Assim que a Lepidolita cumpre o seu propósito interior de elaborar uma ponte comum para conciliar o coração e a mente, a Turmalina Rosa expressa o poder dinâmico do amor no mundo. Essas pedras são particularmente úteis para pessoas introvertidas, tímidas ou que forem incapazes de externar um sentimento de amor. A exuberância da Turmalina Rosa, intimamente associada com a delicada natureza da Lepidolita, permite uma maior transmissão de pensamentos e sentimentos unificados através do Chakra do Coração. Agradeço a vocês duas, Lepidolita e Turmalina Rosa, por se fundirem de um modo que serve com tanta eficácia ao nosso propósito humano.

Capítulo 22

A MOLDAVITA TECTITA

Em geral, as Tectitas são definidas como meteoritos com base de sílica vitrificada. Muitas Tectitas têm superfícies repletas de marcas, sendo negras como piche ou de um marrom quase negro, e raramente têm mais do que cinco centímetros. A Moldavita pertence à família das Tectitas e é uma das variedades mais raras a manifestar do verde-garrafa ao marrom esverdeado.

Há duas teorias acerca da origem da Moldavita Tectita. Uma diz que ela se desenvolveu nos profundos arquivos do espaço e é um verdadeiro meteorito. A outra escola de pensamento, mais amplamente aceita, afirma que a Moldavita Tectita é formada de rochas que derreteram depois de atingidas por um meteorito. Isso indica que a Moldavita Tectita é uma fusão rara e maravilhosa entre o que tem origem extraterrestre e o que nasceu do ventre da Terra. Seja como for, essas avançadas estruturas cristalinas entraram na atmosfera terrestre em forma de meteorito, asteroide ou cometa para realizarem um propósito muito especial para os habitantes da Terra nesta época. Conhecidas como "as pedras preciosas extraterrestres", as Moldavitas Tectitas estão entre as mais raras gemas e obviamente são uma verdadeira dádiva dos céus. Manifestando um raio verde extraordinário, a Moldavita Tectita produz com sua transmissão extraterrestre um profundo impacto na consciência dos que optaram pela sintonização com a sua frequência.

A Moldavita Tectita tem fundamentalmente duas funções. Em primeiro lugar, é uma das únicas pedras hoje existentes no planeta que ajudam os Filhos das Estrelas a se aclimatarem ao ambiente do plano terrestre. A Moldavita Tectita tem muito em comum com os seres que se originam das Plêiades, de Sirius, de Órion e de outros sistemas estelares. Ela também viajou uma longa distância, por vastos oceanos de espaço, para chegar a este planeta denominado "Terra". Ela também tem sua origem em regiões e reinos que até pouco tempo estavam além da nossa compreensão. Tem ainda um vínculo estreito com as fontes de conhecimento e energia que servirão para a cura e o despertar da raça humana. Partilhando dessas semelhanças vitais, a Moldavita Tectita ouve, com compreensão e com um coração repleto de compaixão, os seres que lutam para se ajustarem a um mundo de polaridades tão drasticamente opostas. O novo raio verde que a Moldavita transmite é uma combinação de verde e marrom, de cura (verde) na Terra (marrom).

Muitas das almas que hoje habitam corpos físicos aparentemente vieram a este mundo despreparadas para lidar com os elementos do sofrimento humano, com a emotividade e com as realidades materiais inerentes a este plano de existência. A fonte de que se originam esses seres altamente sensíveis era muito diferente desta Terra, em natureza e clima espiritual. O nosso planeta na verdade é uma criatura muito poderosa, temperamental e bela, que nunca pode ser subestimada nem ser objeto de previsões exatas. Seus povos são tão diversificados quanto seu domínio. Sua fertilidade e capacidade de gerar vida são incomparáveis em todo o Universo. E, no entanto, ela é temperamental, zanga-se e torna-se repentinamente raivosa e reativa. Agora, a Terra teme pela sua própria sobrevivência e enviou um chamado ao poderoso universo, pedindo ajuda para libertar-se das formas de vida nela presentes que querem fazer-lhe mal.

Esse chamado foi ouvido de longe. Agora, ao lado dos escolhidos (veja "Os que preferiram permanecer", em *As Propriedades Curativas dos Cristais e das Pedras Preciosas*, pp. 302-05) que trabalharam arduamente para o bem da Terra durante milênios, outras estirpes anímicas estão se reencarnando para povoarem o planeta com uma nova raça de seres. O único problema é que esta é a primeira vez que muitas dessas almas recém-encarnadas estão num corpo físico. Muitas não têm uma ideia de como lidar com a inspiração e a expiração do ar, para não falar dos sentidos físicos, das emoções e das estruturas mentais como o isolamento e o pecado. Muitas dessas almas estelares são incapazes de integrar totalmente suas consciências expandidas à estrutura cerebral física e estão sofrendo de epilepsia, desequilíbrios e desordens mentais, bem como de autismo. A Moldavita Tectita pode ser posicionada em qualquer um dos chakras da cabeça (ou em todos) para tratar as doenças acima mencionadas. Também pode ser empregada com êxito no tratamento das perturbações psicoemocionais que acompanham esse mau ajustamento dos seres humanos de luz. A cor verde-terra da Moldavita Tectita ajuda bastante, não só a ativar a energia curativa tão essencialmente necessária a essas almas, mas também a estabelecer o processo e o avanço evolutivo dessa nova estirpe na Terra.

O segundo propósito da Moldavita Tectita é a comunicação consciente com as origens das estrelas-semente. Ela representa um bálsamo de cura para o profundo anseio de tantas pessoas (as escolhidas) de "ir para casa". Essa angústia é uma doença comum entre os que se lembram conscientemente de quem são e de onde vieram. Se colocada no terceiro olho, a Moldavita ajuda na comunicação consciente com a fonte considerada "o lar". Os que usam essa pedra recebem a mensagem de que "transformar a Terra é de suma importância, tornando-se a Terra o lar escolhido". Esse pode ser um grande choque para muitas almas que estão esperando pela grande oportunidade de irem embora; mas por pior que possa parecer, a mensagem é essa mesma.

Assim que entram na experiência do plano terrestre e dominam os cinco sentidos, as almas estelares passam por um extraordinário processo evolutivo, desconhecido e incompreensível para o pessoal "de casa". Elas aceitaram experiências e se desenvolveram de um modo que transformou a própria natureza do seu ser e alterou sua identidade para sempre. Retornar ao sistema estelar que conhecem como "lar" seria para elas como voltar à casa paterna depois de quarenta anos vivendo sozinhas e esperar que nada tivesse mudado.

Esses seres que acabam de chegar, bem como os que têm passado pelo ciclo completo do plano físico, agora estão num promissor período de colheita. Eles têm à mão uma oportunidade incrível e única de literalmente recriar a Terra de uma maneira que inclua as leis espirituais do "lar" neste mundo físico. Esse é o objetivo. É o motivo pelo qual essas almas estão aqui. Essa é a esperança e a glória de todo esse experimento divino. A Moldavita Tectita alivia a grande saudade do "lar" e ajuda a desenvolver a disposição de ficar aqui e de fixar-se para criar uma realidade que inclua muito mais do que se conheceu num passado remoto. Ela ajuda as almas estelares a aceitarem com prazer as oportunidades hoje existentes na Terra para a transformação em larga escala.

Se for colocada ou usada no Chakra do Coração, a Moldavita Tectita vai curar o anseio pelo "lar" de forma que este esteja onde o coração de fato estiver. Se colocada no terceiro olho e/ou usada na meditação, ela transmitirá e traduzirá para a consciência as leis originais e as novas ideias revolucionárias para manifestação na Terra. Se usada de forma consistente, ativará os centros mais elevados do cérebro e despertará outra vez as recordações, o conhecimento e a informação latentes. A Moldavita Tectita também pode facilitar a comunicação telepática direta com os extraterrestres ou com os amigos "lá de casa". Com isso, poderá haver comunicação de informações evolutivas em ambas as direções.

Isso será benéfico tanto para os que estão na Terra como para os seres alinhados com o mesmo sistema estelar, mas não encarnados no plano físico neste momento. Para aumentar os efeitos desse tipo de comunicação interdimensional, use a Moldavita Tectita juntamente com os Cristais Transmissores (veja *As Propriedades Curativas dos Cristais e das Pedras Preciosas*, pp. 271-76).

Tal como acontece com a Selenita, é importante que se usem, no trabalho com a Moldavita Tectita, outras pedras que ajudem a fixar e a assimilar as energias que serão conduzidas através dessa forma cristalina de oitava superior. Pedras benéficas no trabalho com a Moldavita Tectita são a Turmalina Negra, a Hematita, o Quartzo Enfumaçado, o Ônix Negro, a Rodonita Negra e o Olho de Falcão. Elas facilitam a integração apropriada dos raios estelares que a Moldavita Tectita transmite. Se você não estiver adequadamente concentrado, a Moldavita Tectita o levará para "longe demais" e o deixará desestabilizado e dissociado do plano físico, o que pode criar ainda mais problemas. Use essa pedra com quem precisa aceitar a realidade física e equilibrar-se com os elementos do plano terrestre. Por favor, não use essa poderosa energia apenas para identificar-se com os éteres. Em vez disso, use-a para incorporar à Terra a realidade de outros mundos. A Moldavita Tectita respondeu ao chamado que a Terra enviou clamando por cura. Ela está aqui para transmitir seu raio verde-terra ao próprio coração e à própria alma das estirpes estelares da Terra.

Capítulo 23
A RODONITA

A Rodonita é uma pedra opaca cor-de-rosa com inclusões pretas ou brancas. Se as inclusões são pretas (óxido de manganês), a cor rosa da pedra tende a ser escura. Se as inclusões são claras (fluorita), em geral a pedra tem uma nuance mais clara de rosa. A Rodonita tem cor semelhante à da Rodocrosita, ainda que mais rosada, com marcas dendríticas. Às vezes ela se apresenta em cristais rolados, mas costuma ser encontrada na forma de cabochões ou em pedras brutas.

A Rodonita é uma pedra importante para o Chakra do Coração porque ajuda a impulsionar a força do amor para o plano físico. Opaca, ela fixa o raio rosado do amor, enquanto pedras transparentes do coração como a Calcita Rosa ou a Kunzita ativam a energia do amor. No processo de cura, o Quartzo Rosa e a Smithsonita Rosa podem ser usados para alimentar os reinos profundos do coração. Em seguida, a Kunzita suave, rosada e estriada ativa o amor e o prepara para a expressão exterior. Com o caminho aberto, a Turmalina Rosa e a Rodonita podem entrar em atividade para fazer nascer esse amor no mundo físico. A Turmalina

Rosa expressa de forma dinâmica a alegria do coração. A frequência estabilizadora da Rodonita deixa que o amor participe de várias atividades mundanas como escovar os dentes, lavar a louça, fazer compras ou ir de carro para o trabalho.

A Rodonita é a mais benéfica pedra a ser usada ou levada no bolso quando se quer manter um estado amoroso na vida cotidiana. Se quiser o apoio de um amigo robusto e forte quando pedir um aumento, tiver de lidar com perturbações nos relacionamentos ou precisar sentir-se firme, embora amável, leve uma Rodonita consigo. Ela o ajudará a continuar afetuoso, ao mesmo tempo que fixa seus pés no chão. Ela é especialmente boa para mulheres que acham que amar é ceder para manter a paz. No entanto, ao fazerem isso, elas muitas vezes têm a integridade pessoal sacrificada e raramente agem de maneira adequada. A Rodonita é uma grande pedra de meditação quando se estão reestruturando métodos disciplinares com crianças ou resolvendo problemas de relacionamento com o parceiro. Quando você quiser assumir uma posição, manter o seu amor e canalizar a força do seu coração para a ação, use a Rodonita.

A Rodonita é uma pedra maravilhosa para se usar em esquemas de cura com cristais. Usada no Chakra do Coração e no plexo solar, ela ajuda a substituir as emoções erráticas por um estável sentido de ser amado. Quando colocada nos pontos da virilha ou no centro do osso púbico, a Rodonita serve como um poderoso iniciador para a força do amor a partir das raízes da realidade do plano físico, especialmente se a pedra tiver inclusões negras. Ela também pode ser colocada em qualquer lugar do corpo, sobre os órgãos e tecidos fisicamente doentes, para transmitir a vibração do amor às células. Isso será particularmente eficaz se a respiração for concentrada no local específico e se métodos de mentalização ligarem a consciência a essa área.

Muitas coisas podem ser curadas se receberem amor suficiente. A Rodonita faz a poderosa afirmação de que o amor pode ser uma parte inseparável da ação no mundo; e o prova se trabalharmos com ela de forma consistente. Ela transmite a força do coração e o poder do amor a todas as facetas da vida diária. Aprenda com a Rodonita e personifique o poder. Que assim seja!

Capítulo 24
A SMITHSONITA

A Smithsonita tem uma natureza suave, excepcionalmente delicada. Em seu estado natural, ela se parece com camadas de bolhas sedosas. A cor da Smithsonita vai do azul pastel ao rosa-claro, passando pelo verde-claro. Sua capacidade de tranquilizar os sentidos com seu brilho perolado restaurador é única!

Essa pedra, com sua suave presença protetora, é usada quase da mesma maneira que o Quartzo Rosa porque alivia, conforta e tende a curar os rudes golpes que a vida pode nos infligir. De um modo geral, a Smithsonita transmite sua delicada essência aos santuários interiores do eu para nutrir a criança interior. Os padrões de comportamento adulto que demonstram insegurança muitas vezes estão arraigados em experiências traumáticas ocorridas na infância como o sentimento de não ser amado, aceito ou nutrido. A Smithsonita penetra no coração da matéria para automaticamente irradiar uma tranquilizadora presença de cura. Às vezes seu efeito é tão profundo e sutil que você pode nem notar que de fato houve um efeito. Porém, em seguida você percebe que se sente melhor, como alguém a quem acabaram de presentear com flores ou como se tivessem melhorado o seu ambiente pessoal. Quando trabalha com a Smithsonita nesses profundos níveis interiores, você talvez precise usar pedras como a Sílica-Gema ou a Azurita no terceiro olho e a Malaquita no plexo solar (veja *As Propriedades Curativas dos Cristais e das Pedras Preciosas*, pp. 200-03, 211-13). Essas pedras ajudam a trazer à consciência aquilo que está sendo dissolvido e curado.

A energia calmante da Smithsonita se parece com o afrouxamento de uma tira elástica bem esticada quando está prestes a arrebentar. Ela substitui a tensão por uma graciosa flexibilidade de movimentos. Portanto, essa pedra é excelente para ser usada em situações em que o acúmulo de tensão chegou ao auge. Quando se passa por situações de grande tensão ou se é ansioso, a Smithsonita é a pedra perfeita para se usar ou levar no bolso a fim de aliviar a tensão, que pode acabar desgastando o sistema nervoso, criando pressão no coração e tirando a alegria de viver. Ela pode ser utilizada nos esquemas de cura com cristais depois de colapsos nervosos, emocionais ou mentais. Sua suavidade ajuda a neutralizar os efeitos de estados muito tensos ou de exagerada afirmação no modo de ser. Pode-se empregá-la juntamente com a massoterapia para minimizar a tensão muscular e o desgaste decorrente de problemas psicológicos e emocionais ligados à ansiedade. A Smithsonita pode ser colocada sobre qualquer um dos centros dos chakras ou diretamente na parte superior da coluna durante as massagens ou depois delas. Ela alivia a tensão muscular e constrói novas linhas de energia que terão uma capacidade maior de enviar as vibrações de tranquilidade ao sistema nervoso.

A Smithsonita é uma excelente pedra para se presentear nos nascimentos e ótima companhia para as mulheres em trabalho de parto, já que dirige sua branda magia ao processo de nascimento do bebê. Nenhuma parteira deveria andar sem uma dessas pedras. É extremamente eficaz fazer a mulher segurar uma Smithsonita de cor azul esverdeada durante os períodos de contração e nos intervalos, para facilitar e suavizar a intensidade do dar à luz. A Smithsonita continua a agir, dando conforto ao recém-nascido, pois mantém uma frequência de calor, de segurança e de ternura em volta da criança. Usada na preparação de elixires ou colocada perto de almas recém-chegadas, ela se mostra uma amizade valiosa no auxílio ao delicado ajustamento dos bebês às realidades do plano material como dormir, comer, digerir e relacionar-se com o mundo físico.

A cor mais comum refletida pela Smithsonita é a do raio azul esverdeado pastel, que vibra a calma do azul e a essência curativa do verde. Semelhante em cor e energia à Crisocola e à Sílica-Gema, esse raio de Smithsonita se associa com a água e com a aquietação das emoções. Ela exerce quase o mesmo efeito tranquilizador das ondas do oceano, de uma pura corrente montanhosa ou de um profundo lago transparente. A colocação dessa pedra no terceiro olho ajuda a visualizarmos mentalmente esses santuários líquidos e, assim, a aprofundarmos a meditação. As Smithsonitas azuis esverdeadas também se prestam a equilibrar as emoções da raiva, do ressentimento, do ciúme e da ansiedade, associadas com o vermelho.

A Smithsonita também se manifesta com um raio rosa suave que naturalmente se presta à cura do coração. Colocada sobre o peito em esquemas de cura com cristais, a Smithsonita Rosa atua mais ou menos como o Quartzo Rosa na internalização da força do amor. Mas, enquanto o Quartzo Rosa ajuda a pessoa a amar a si mesma, a Smithsonita Rosa faz que ela se sinta amada pelo mundo exterior. É bom sentir que somos protegidos pelas forças do universo, pelos anjos, pelas pessoas e pelos elementos da Terra. A Smithsonita Rosa pode mergulhar, tanto quanto o Quartzo Rosa, nos santuários profundos do coração, mas também serve na expressão externalizada do amor.

A Smithsonita Rosa é uma pedra perfeita para as crianças (ou adultos imaturos) que foram abandonadas e/ou maltratadas. Experiências como essas muitas vezes abalam a base primordial de segurança.

Se, mantida na mão, usada como companhia na hora de dormir, levada no bolso ou colocada no Chakra do Coração, bem como usada na meditação, essa pedra mágica do amor ajudará a reconstruir a sensação de segurança e de paz interior e com a própria vida.

A Smithsonita é uma pedra que pode ser colocada em qualquer região do corpo para transmitir diretamente uma sensação de tranquilo bem-estar. Sua presença irradia impressões de paz não só para os corpos mental e emocional, como para os tecidos e órgãos do corpo físico. Com isso, a pessoa tem a sensação plena de ser amada, cuidada, protegida e confortada. Adicione essa pedra à sua coleção. Você não se arrependerá!

Capítulo 25

A PEDRA DO SOL E A PEDRA DA ESTRELA

A Pedra do Sol é laranja ou marrom avermelhada brilhante e reflete um brilho vermelho metálico. A Pedra da Estrela reflete uma luminescência azul-claro contra um fundo negro que dá a impressão de um céu repleto de estrelas numa noite clara como cristal. Os reflexos altamente reluzentes pelos quais essas pedras são conhecidas na verdade são provocados pela luz que dança sobre minúsculos pontinhos de Hematita. Como sabemos que a Hematita é, entre as Principais Pedras Energizantes, a que transmite a força do espírito à realidade física com maior eficiência, podemos concluir que a presença da Hematita fez sua mágica nessas duas pedras. A Pedra do Sol e a Pedra da Estrela passaram por um processo de fundir a terra e o céu e são dotadas com maravilhosos poderes alquímicos.

As verdadeiras Pedras do Sol e da Estrela são raras, difíceis de achar e caras. No entanto, ambas também têm representantes fabricadas pelos homens, que se assemelham às pedras originais em essência e natureza. Os nomes das contrapartes artificiais dessas entidades cristalinas mágicas são "Aventurina" e "Aventurina Negra". Essas são as duas únicas pedras sintéticas que fui orientada a usar em curas com cristais. Naturalmente, se você puder localizar e comprar as pedras naturais, não deixe de usá-las. Caso contrário, a Aventurina e a Aventurina Negra servirão como substitutas da Pedra do Sol e da Pedra da Estrela, com efeitos semelhantes.

A Pedra do Sol e a Pedra da Estrela são pedras polares comparadas com o brilho do sol do meio-dia e com a radiância das estrelas nas profundezas da noite. Cada uma serve a um propósito individual, bem como a um comum, visto que fazem sua mágica de um modo que nenhuma outra pedra pode fazer.

A Pedra do Sol leva a nobre presença do sol a qualquer parte em que seja colocada. É de conhecimento geral que não haveria vida na Terra sem a luz do nosso sol. Por essa razão, ele foi o principal objeto de concentração e de adoração na maioria das religiões e modos de vida do mundo antigo. Hoje agimos como se tivéssemos esquecido de quão importante o sol é para a nossa sobrevivência. Ele é não só a própria luz da nossa vida como também a estrela através da qual podemos obter acesso às dimensões mais elevadas (ver Meditações do Sol, p. 60). A Pedra do Sol é perfeita para se usar na prática das Meditações do Sol. Ela pode ser mantida na região do terceiro olho ou nas mãos bem abertas.

A Pedra do Sol também é um parceiro muito eficiente para nos ajudar a contatar a fonte interior de luz quando praticamos outras formas de meditação. Ela é uma companhia maravilhosa para levarmos conosco ou usarmos quando desejamos manter uma conexão consciente com a luz enquanto participamos das atividades da vida cotidiana. Nas curas com cristais, a Pedra do Sol pode ser colocada em qualquer lugar do corpo que você queira ativar com mais força de luz e ao qual deseje transmitir os poderes regeneradores do sol. É especialmente útil usá-la na área do plexo solar para diminuir o peso de emoções reprimidas ou intensas. Alquímica por natureza, essa pedra ajuda a transmutar e a transformar qualquer coisa que não esteja funcionando em harmonia com as leis da luz.

A Pedra da Estrela é o outro lado do sol, do que existe quando o sol se põe no horizonte e fica fora do âmbito da nossa visão. Quando trabalhamos com as leis da polaridade que existem neste planeta, devemos compreender que a luz existe mesmo quando não podemos vê-la. Na verdade, é útil reconhecer o ciclo natural do sol e saber que ele se levantará outra vez. Do mesmo modo, é muito confortante ter consciência de que a orientação espiritual se encontra disponível a cada passo do caminho, mesmo em meio a trevas pessoais ou durante o aprendizado de lições que parecem estar além da nossa compreensão. A Pedra da Estrela serve para essas ocasiões. Quando usada na meditação, levada no bolso ou em pingentes, ou empregada em esquemas de cura com cristais, ela transmuta o mais profundo desespero em fé e no conhecimento de que tudo está realmente de acordo com a ordem divina.

Quando colocada no terceiro olho, a Pedra da Estrela ajuda você a atravessar a "hora mais escura da noite". Ela lhe transmite a compreensão de que, quando a noite é mais escura, as estrelas são mais brilhantes e você não é deixado sem luz nem por um momento. Com o seu brilho escuro, essa pedra ajuda a desfazer a ilusão de que a luz não existe quando não podemos vê-la. Que bênção é ter uma ferramenta e um mestre como a Pedra da Estrela! Ela é um lembrete de que tudo está perfeito, mesmo quando consumido nas profundezas da luta humana. A Pedra da Estrela mostra a luz nas ocasiões em que não é possível vê-la ou senti-la.

Ela é ideal para se usar em curas com cristais, juntamente com uma Hematita, nos pontos do primeiro chakra, para fixar os raios estelares no corpo. Alquímica por natureza, a Pedra da Estrela inicia os milagres da metamorfose para transformar a natureza da existência na Terra. Ela pode ser usada sobre qualquer parte do corpo que precise de estabilização e adiciona um pequeno ingrediente extra da magia. Usada no terceiro olho nas curas com cristais, ela também pode nos ajudar a estabelecer uma conexão consciente com outros sistemas estelares ou seres que não pertençam à Terra e a nos comunicar com eles.

A Pedra do Sol e a Pedra da Estrela, ou suas representantes sintéticas, a Aventurina e a Aventurina Negra, acrescentam à nossa vida uma sensação de alegria, de deslumbramento e de felicidade. É como se milhares de raios de luz se juntassem para criar uma demonstração de luminosidade. Com a presença da Hematita, o que mais se poderia esperar senão que a miraculosa aptidão do espírito iluminasse e ampliasse o caminho?

Parte V

NOTAS FINAIS

Capítulo 26

A DESMATERIALIZAÇÃO EM AÇÃO

Sabe-se que acontecem coisas muito estranhas quando se trabalha com o mundo dos cristais. Ocorrem muitas vezes fenômenos que a nossa mente racional não pode explicar. No entanto, não se pode negar a evidência quando os incidentes acontecem no âmbito da experiência pessoal. Eu gostaria de compartilhar com vocês uma dessas experiências verdadeiramente inacreditáveis. Se você leu o livro *A Cura Pelos Cristais*,* ou ao menos viu a fotografia da capa,** talvez já esteja um pouco preparado para a história que vai ouvir.

Ao escolher uma fotografia para a capa do meu segundo livro, eu estava trabalhando com a minha editora, Barbara Somerfield. Estávamos tentando descobrir uma imagem que representasse simultaneamente a Terra, o mundo dos cristais e a cura que pode ocorrer quando se colocam

---

* Ver nota da p. 15.

** As informações contidas neste capítulo sobre capas e fotografias se referem às edições originais em língua inglesa de *Crystal Enlightenment*, *Crystal Healing* e *The Crystalline Transmission*.

cristais e pedras preciosas sobre o corpo. Nosso objetivo era que a capa fosse uma comprovação visual das afirmações contidas em *A Cura Pelos Cristais*. Depois de trabalharmos sem êxito, com diferentes artistas e fotógrafos, procurei uma fotógrafa de Taos que me tinha sido indicada por sua habilidade de fotografar com sensibilidade objetos imóveis.

Escolhemos um cristal que eu descobrira anos atrás quando visitei uma exposição de pedras preciosas e pelo qual me apaixonei, embora não o comprasse na ocasião por ser caro demais. Depois que vi o cristal, na noite seguinte sonhei com ele e, pela manhã, voltei à exposição para comprá-lo. Posteriormente, descobri que esse cristal específico era um Cristal Canalizador, um Cristal Transmissor, um Dow e um Cristal Polido Naturalmente (ou Cristal Janela). É desnecessário dizer que ele se tornou um dos meus mestres pessoais. Desde aquela ocasião, tenho trabalhado muito com ele; usei-o quando escrevi *As Propriedades Curativas dos Cristais e das Pedras Preciosas* e *A Cura Pelos Cristais*, e naturalmente o tenho comigo enquanto escrevo este livro.

Foram tirados muitos instantâneos desse cristal tendo o céu e a terra como pano de fundo. Algumas montagens foram feitas e, em seguida, levadas para Barbara, na cidade de Nova York, para uma revisão final. Vendo os negativos de todas as tomadas fotográficas, não houve dúvida de qual seria a melhor para o nosso objetivo. Esse negativo foi então remetido à artista que fez a capa, para que ela o preparasse para impressão.

Ora, devo dizer que eu estava bastante atrasada ao escrever o meu segundo livro, principalmente porque precisava entender completamente a informação antes de divulgá-la ao mundo. Sejam quais forem os motivos, o fato é que o meu trabalho estava com alguns meses de atraso, a despeito de todas as promessas que eu fizera aos distribuidores e às livrarias de que ele estaria pronto em outubro de 1987. Como se viu, o momento exato do seu nascimento foi janeiro de 1988. De qualquer forma, o mundo dos negócios nem sempre está ligado ao "tempo perfeito" e havia intensa pressão "nesse mundo dos negócios", para que o material estivesse disponível ao público o mais cedo possível.

Poucos dias depois, Barbara me telefonou num estado de consternação e disse: "O instantâneo desapareceu". Respondi: "O que você quer dizer com isso?". Ela respondeu: "A artista que faz as capas estava trabalhando com ele e ele simplesmente sumiu". Ela fizera várias pessoas vasculharem o seu escritório, procurou por toda parte, não houve meios de encontrá-lo. "O que será que está acontecendo?"

Como Barbara e eu tínhamos tido várias experiências que nos deixaram a nítida impressão de que havia forças que definitivamente não queriam que o nosso trabalho fosse divulgado, meu primeiro pensamento foi: "As forças do mal devem tê-lo roubado!". No entanto, como um dos tópicos do livro que estava prestes a ser publicado era a "Desmaterialização", decidi alinhar-me um pouco mais com a situação. Segurando o Cristal Mestre (o que foi fotografado) numa das mãos e o meu mais eficiente Cristal Janela na outra, coloquei a perfeita forma cristalina junto ao Cristal Mestre e senti a transmissão de uma forte corrente de energia. Em seguida, coloquei o Cristal Janela no terceiro olho e recebi esta mensagem:

"Não, as forças do mal, como as definiu, não estão envolvidas no desaparecimento do instantâneo. Ele literalmente se desmaterializou, voltou ao puro estado cristalino e retornará depois. Quando voltar, a iluminação sobre ele estará bastante modificada, MAS NÃO A MUDE, pois ela vai corporificar um Deva do Cristal que servirá para a realização de um grande propósito deste livro. Ele retornará a tempo". Eu perguntei: "A tempo? O que significa isso? O seu tempo? O meu tempo? Por volta do Natal? O tempo segundo a gráfica?". Não obtive mais nenhuma resposta. Tinha chegado o final da transmissão.

Telefonei à minha editora e lhe transmiti a mensagem. Como era tudo o que tínhamos para prosseguir, ambas a aceitamos. Nesse meio-tempo, a artista que fazia a capa fora hipnotizada e voltara bem ao momento em que o instantâneo do cristal estava perto dela e sumira. Sabendo que essa mulher não era metafisicamente orientada, compadeci-me da sua frustração e ansiedade com todo aquele assunto. Sentei-me perto do meu Cristal Mestre mais uma vez e pedi orientação. Eis o que recebi:

"Já que se trata do nascimento de um Deva do Cristal no plano físico por meio dessa fotografia, por que você não ajuda a fazer o parto?".

Agindo como parteiras, eu no Novo México e a minha editora em Nova York, simultaneamente erguemos nossos altares de cristal e dedicamos o tempo ao renascimento do instantâneo. Dispus meu Cristal Mestre no centro do altar e cerquei-o com uma Turmalina Negra para ajudar o Deva a se fixar, uma Selenita para acomodá-lo em seu corpo de luz, um Quartzo Rosa para lhe dar uma ajuda protetora, uma Ametista para criar a paz mental e uma Sílica-Gema para que tivesse a nutridora energia feminina. Passei o resto do dia me concentrando na rematerialização do instantâneo e no nascimento do Deva do Cristal.

Eu não teria ficado surpresa se o instantâneo surgisse em cima do altar de repente. Mas, em vez disso, algumas horas depois recebi um telefonema de Barbara. Excitada, ela me deu a notícia de que a foto tinha sido recuperada no estúdio da artista, num lugar em que já havia sido procurada antes. Perguntei se havia modificações visíveis, mas ela respondeu que a foto estava embaçada e só se poderia dizer alguma coisa depois que ela fosse limpa e transformada na verdadeira foto de capa. As primeiras capas foram impressas no dia 23 de dezembro de 1987.

Os chamados telefônicos que recebi na semana seguinte foram de fato surpreendentes. Todos os dias eu ouvia falar das transformações que ocorriam na fotografia. Sendo metafisicamente orientadas, e confiando na informação que nos fora dada, esperávamos encontrar alguma vaga representação de um Deva do Cristal. Nenhuma de nós estava preparada para ver dúzias de seres materializando-se na linha dourada central que havia surgido na foto. A própria linha dourada era um fenômeno, visto que uma das técnicas terapêuticas debatidas em *A Cura Pelos Cristais* é o "Foco da Linha Central", usado para ajudar a pessoa a ser atendida com a cura com cristais a se concentrar em seu próprio centro de luz dourada. Daquele centro radiante da fotografia formaram-se um yogue na posição de lótus, um ser espacial, um faraó egípcio e várias outras entidades. Quando a fotografia era virada de cabeça para baixo, testemunhávamos a presença de um sábio chinês, de uma imagem da Mãe Divina, de uma coruja e de vários outros seres.

Muito bem, o que estaria acontecendo? Numa tentativa de descobrir antes que o livro chegasse às ruas, Barbara voou para o Novo México no dia anterior ao da minha partida para o Egito, onde eu ia fazer minhas pesquisas para este livro (*Transmissões Cristalinas*). Assim que chegou, com dúzias da fenomenal foto de capa nas mãos, sentamo-nos com elas ao nosso redor. Pusemos o Cristal Mestre diante de nós, juntamente com outros Cristais Canalizadores e Transmissores, bem como com grandes cristais geradores de energia. Em seguida, tornamo-nos receptivas para saber o que estava acontecendo. Foi esta a mensagem que recebemos:

"Esta fotografia está servindo de portal interdimensional para várias representações do que vocês definiriam como 'mestres'. Quer se leia ou não o material contido no livro, basta alguém olhar a capa e, se for esse o seu desejo, esses seres estarão à sua disposição para ajudá-lo no processo de cura. Para os que estudarem este material e o usarem para realizar objetivos pessoais ou profissionais, esses seres servirão de protetores e guias. Há também lições óbvias oferecidas por meio desta fotografia sobre a arte da viagem interdimensional e da desmaterialização".

Eu podia apostar que sim! Na semana em que o negativo desapareceu e tornara a aparecer, tive algumas experiências pessoais com coisas que literalmente se desmaterializavam diante de mim. Por exemplo, eu havia escrito um artigo para uma revista e na semana anterior ele já tinha sido entregue com as ilustrações, completo. Na mesma ocasião em que o instantâneo desapareceu, recebi um telefonema do editor da revista informando que o artigo e as ilustrações haviam desaparecido.

"O que você quer dizer com isso?", perguntei descrente. "Simplesmente sumiram, sem deixarem vestígios. Você pode nos enviar outra cópia?"

Foi o que fiz, e isso resolveu a questão. Mais tarde, na mesma semana, eu estava resolvendo alguns assuntos na cidade. Minha última parada seria no banco. Lá, fui até o guichê, tirei meu talão da bolsa e fiz as transações sem sair do carro. Quando voltei para casa, dei por falta da minha bolsa. Relembrando mentalmente meus passos, compreendi que era provável que ela também tivesse se desmaterializado. Comecei a ver na coisa toda um ataque muito pessoal e devo dizer que fiz todo mundo perceber que não estava nada feliz. Como precisasse das coisas pessoais que estavam na bolsa, telefonei ao banco. O caixa me informou que a bolsa fora encontrada e estava sã e salva no banco. Eu então quis que o universo me contasse o que estava se passando.

Tirei uma licença de algumas semanas e fiz uma viagem ao Egito para obter alguma perspectiva sobre o assunto. Agora eu o vejo como uma das minhas principais lições e desafios, uma lição que os cristais vieram demonstrar e ensinar. Por serem expressões puras do espírito e da matéria, existem simultaneamente nos reinos da luz e no nível físico. Eles têm facilidade de passar de um estado a outro, da matéria para o espírito e do plano terrestre para os reinos da luz. Testemunhei o fato de que isso é possível e de fato acontece.

A semana em que vivenciei as realidades da desmaterialização em ação foi apenas uma pequena lição que todos estamos aprendendo. TUDO É POSSÍVEL! Tornamo-nos muito limitados pela crença de que o mundo físico é regido por uma determinada série de leis lineares. Nosso raciocínio programado confirma essa realidade. Durante aquela semana incrível me ensinaram que É POSSÍVEL que as coisas passem de uma dimensão a outra. Se é possível para os cristais (e outros objetos inanimados), por que não seria possível que nós, seres humanos, com a ajuda da nossa própria vontade, fôssemos conscientemente a qualquer lugar em que nos concentrássemos? Por que não pensar, acreditar e saber que estamos num mundo fundamentado na paz e na alegria? Por que nos limitarmos ao que ouvimos e ao que fomos programados a acreditar como verdadeiro? Vamos abrir a nossa mente e criar o pensamento de que de fato podemos ser curados pela Essência Divina e alinhados e unificados com ela. A qualquer momento podemos nos dirigir a essa realidade para literalmente criarmos o que tradicionalmente aprendemos a definir como milagres.

Meditem sobre ela quando começarem a ter dúvidas e deixem que essa pedra sirva como prova, no plano físico, de que há mestres e entidades que estão trabalhando com vocês, que são um aspecto de vocês mesmos. Saibam que esses seres estão guiando e protegendo o aparecimento da cura com cristais neste planeta. Essa fotografia está animada por presenças. Ela contém representantes de todos os principais caminhos espirituais. Já que um grupo bastante eclético está usando essa fotografia como um campo de aterrissagem, dentro dela há alguém com quem cada pessoa pode se relacionar.

Quando o livro foi testado na Inglaterra com um aparelho muito sofisticado que registra campos de energia, mostrou-se que essa fotografia multidimensional tinha um campo áurico tão forte quanto o de um homem. As respostas e explicações estão além dos reinos da nossa realidade programada. No entanto, ela aí está, inegavelmente presente no plano físico, para todos verem. A foto é, em si mesma, uma afirmação de que há muito mais coisas acontecendo do que podemos explicar com o nosso limitado sistema de crenças. A fotografia é agora para mim um símbolo intenso da esperança de que podemos aproveitar todo o potencial que temos para vivermos o nosso destino superior como seres humanos de luz – e de que vamos consegui-lo.

Capítulo 27

A ASSIMILAÇÃO DA RADIAÇÃO NUCLEAR

As energias de nossa Terra estão sofrendo rápida aceleração. Está se tornando cada vez mais importante que cada um de nós aprenda a assimilar e a integrar essas frequências. Muitos ciclos serão completados nas próximas décadas. A Terra passa por tremendas mudanças enquanto se esforça para alinhar-se por inteiro com o Grande Sol Central. De modo bastante semelhante, como formas conscientes de vida na superfície da Terra, nós estamos lutando para alinhar o nosso ser com a Essência Divina no nosso Chakra do Portal Estelar. Enquanto nos preparamos para encerrar não só um importante ciclo, mas uma era de 2 mil anos, bem como um ciclo maior de quase 26 mil anos, somos expostos a uma quantidade volumosa de energias de alta frequência. Essas energias podem ser usadas para nos levar aos novos começos se aprendermos a assimilá-la em nosso ser.

A radiação nuclear emite um amplo espectro de frequências de energia, a maioria das quais não pode ser absorvida pelo organismo humano. A raça humana está continuamente exposta a essas energias devido aos acidentes nucleares e à falta de proteção dos resíduos nucleares. Embora os nossos olhos não sejam capazes de ver todo o espectro eletromagnético de raios emitidos pela radiação nuclear, esses raios existem. Alguns desses raios, de comprimento de onda inferior (ultravioleta) e superior (infravermelho) ao da luz passam com facilidade pela matéria do plano físico. Quando atravessam o corpo humano, muitas vezes tiram o organismo do alinhamento, e a estrutura orgânica começa a ruir. Logo, toda vida sofre os efeitos devastadores da radiação nuclear.

Mas o que aconteceria se o nosso corpo físico fosse capaz de assimilar essas energias de alta frequência? O que aconteceria se nosso corpo de luz morasse em nosso corpo físico e elevasse a vibração da matéria? Nesse caso, a radiação nuclear teria um efeito positivo, em vez de negativo? Eu acho que sim. Essa tem sido a minha teoria desde que concebi a ideia das Transmissões Cristalinas. Naturalmente, só o tempo e as circunstâncias o dirão. Enquanto isso, brinquemos com essa ideia. Ela é viável.

Cristais naturalmente energizados para trazer alívio

Há alguns cristais que estiveram expostos à radiação eletromagnética em seu processo natural de crescimento e que não só sobreviveram como, por isso mesmo, se tornaram mais valiosos. Os mais importantes para o propósito que temos em vista são o Quartzo Enfumaçado, a Kunzita, a Água-Marinha e a Esmeralda. Esses cristais podem ser usados em esquemas de cura com cristais ou em pingentes, e levados no bolso. Também se pode meditar com eles ou ingerir a essência deles na forma de elixires feitos com as pedras. Eles fortalecem o campo áurico e estabilizam o sistema físico para darem proteção contra os atuais efeitos nocivos da radiação nuclear.

A cor escura presente no Quartzo Enfumaçado é produzida pela radiação natural do interior da terra. Por outro lado, os Quartzos Enfumaçados Sintéticos são feitos pela exposição do Quartzo transparente aos raios X. Essa versão sintética não pode ser empregada para os mesmos fins que os Quartzos Enfumaçados naturalmente irradiados por causa do seu processo artificial de criação. Em seu estado autêntico, o Quartzo Enfumaçado ajuda a fixar a essência do corpo de luz no primeiro chakra. Contendo a mais alta quantidade de força luminosa possível numa cor escura, o Quartzo Enfumaçado serve para lançar os alicerces sobre os quais as energias de alta frequência podem se manifestar com segurança no corpo humano. O Quartzo Enfumaçado também ajuda a dissolver os pensamentos e emoções negativos que podem tornar o corpo físico ainda mais suscetível às influências negativas exteriores.

A Kunzita serve a um importante propósito na assimilação de energia de alta frequência, pois fortalece incrivelmente o Chakra do Coração. Com o coração aberto e ativado, surge um forte campo de força que funciona como um escudo protetor natural. Sendo um suave raio púrpura rosado, a Kunzita tem um efeito tranquilizante sobre os pensamentos e as emoções. O equilíbrio mental-emocional vai criar uma aura que não pode ser influenciada facilmente pelas energias exteriores. Estriada, a Kunzita fortalece o corpo físico, bem como o Chakra do Coração, permitindo a assimilação de um influxo de energia de frequência mais elevada.

A Água-Marinha se destina à expressão da mais elevada verdade no Chakra da Garganta. À medida que o corpo de luz desce para o corpo físico, é necessário que a sua radiância alcance a plena expressão. A Água-Marinha serve para abrir o caminho para a manifestação verbal do espírito. Como o azul é o raio da paz, a Água-Marinha acalma e suaviza os efeitos da radiação com sua delicada cor calmante.

A Esmeralda é a melhor pedra a ser usada para aliviar o sofrimento causado pela exposição ao excesso de radiação. Sua cor esverdeada profunda penetra em todos os níveis do corpo, do coração e da mente. Com isso, o raio verde ajuda a curar e a rejuvenescer as células e os tecidos prejudicados. A Esmeralda também é uma ótima companhia em viagens por áreas que tenham usinas ou resíduos nucleares. Usada sobre o Chakra do Coração, ela fortalece o timo, o que por sua vez fortalece o sistema imunológico, dando mais proteção e cura.

A raça humana está num processo de ajustamento a várias forças. É imperativo que aprendamos a nos adaptar aos campos de energia mais elevada a que estamos constantemente expostos. Se pudermos fazer isso, será possível evoluir, ter uma mutação, se se quiser, para atender às crescentes necessidades de um novo amanhã. Se pudermos aplicar as Transmissões Cristalinas à nossa vida, teremos a garantia de esperança no futuro. Quando aprendemos a integrar e a assimilar a força de luz, um novo espectro se abrirá para nós, um espectro que abrange o infravermelho e o ultravioleta.

Capítulo 28
ATIVAÇÃO DOS CRISTAIS GUARDIÃES DA TERRA

Desde que a informação original sobre os Cristais Guardiães da Terra foi escrita em *As Propriedades Curativas dos Cristais e das Pedras Preciosas*, ocorreram surpreendentes avanços no processo de ativação de um desses assombrosos gigantes de cristal. Revendo rapidamente: os Guardiães da Terra são enormes cristais de Quartzo, com tamanho médio de um a dois metros de comprimento e peso que chega a 3.850 quilos. Esses cristais foram criados há milhares de anos pelos Anciãos não físicos da nossa raça, quando eles irradiaram sua força luminosa para o dióxido de silício da Terra. Os Guardiães da Terra servem para magnetizar o campo de força da Terra a fim de preparar o nascimento de formas de vida conscientes neste planeta. Quando a evolução humana começou sua descida natural ao ilusório mundo dos sentidos, os Cristais Guardiães da Terra foram enterrados bem fundo e programados para registrar todo esse ciclo. Agora eles voltaram à superfície e requerem uma sintonização e atenção especiais para serem ativados. Assim que o forem, os Guardiães da Terra exercerão duas funções muito importantes. Em primeiro lugar, transmitirão o conhecimento acumulado de todo o ciclo do plano terreno aos reinos estelares, onde será usado para o desenvolvimento da consciência em outros mundos. Em segundo lugar, transmitirão a consciência dos Anciãos à Terra, permitindo que os que chegarem à sua presença sejam elevados e inspirados. (Leia as pp. 301-07 de *As Propriedades Curativas dos Cristais e das Pedras Preciosas* para mais informações sobre os Cristais Guardiães da Terra.)

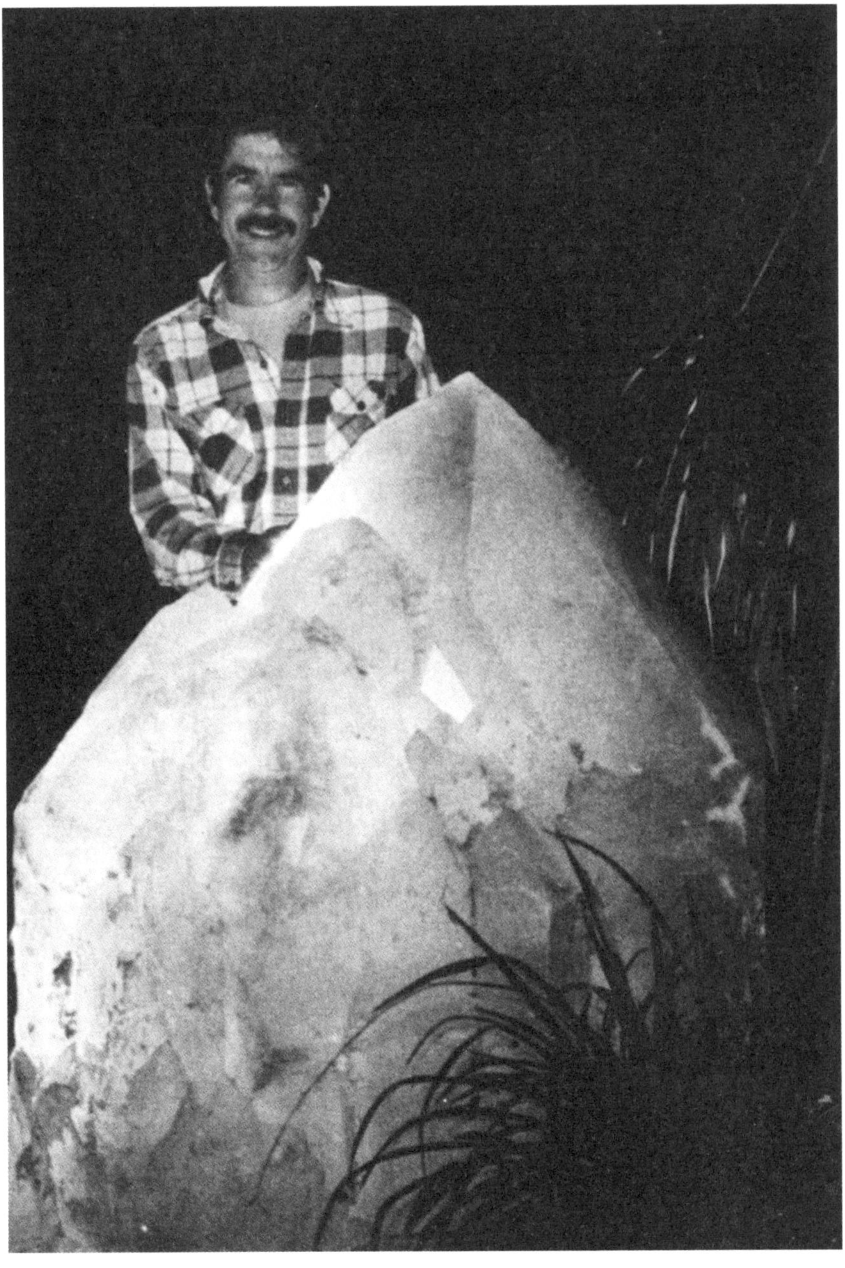

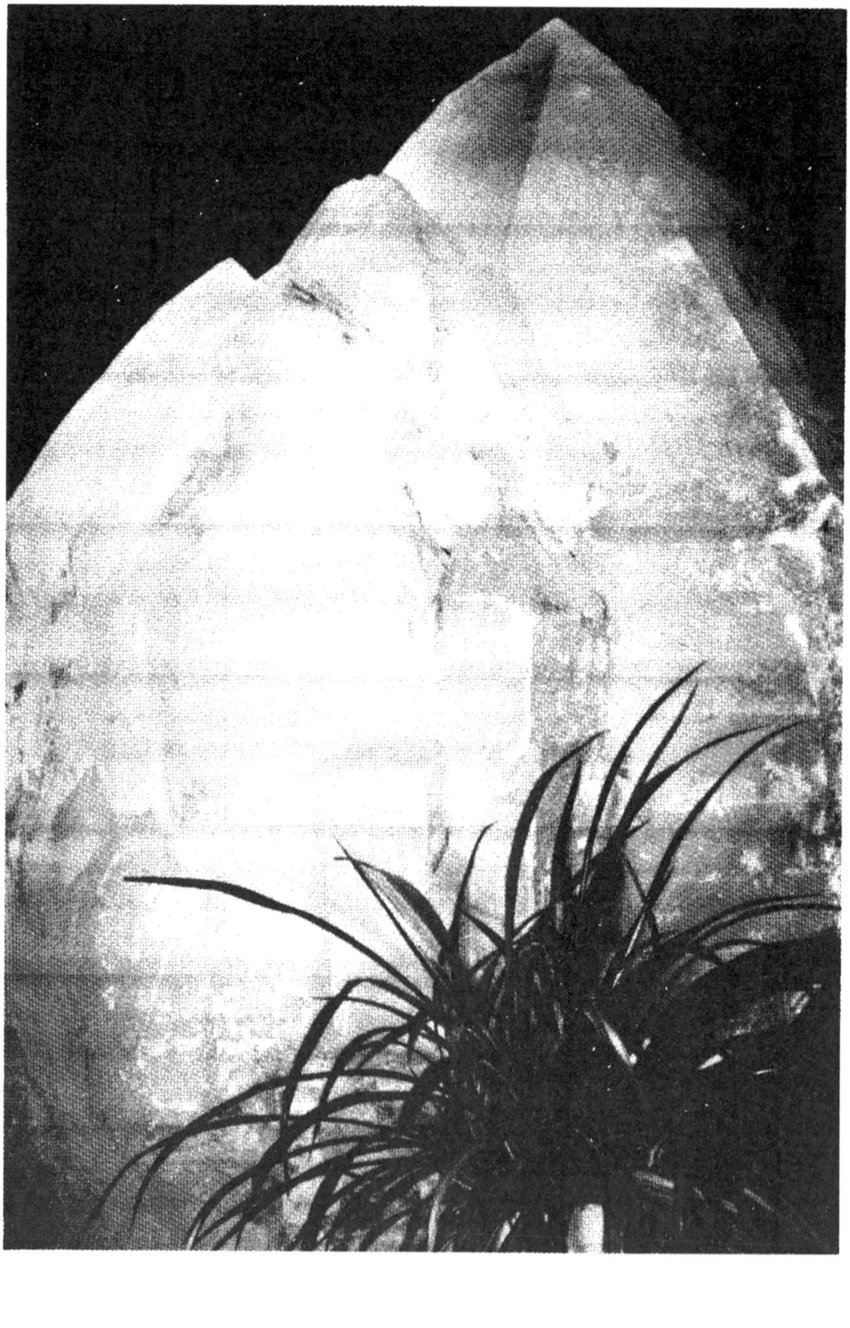

Capítulo

ENCERRAMENTO

29

Escrever estes livros foi uma experiência extraordinária, pela qual sou muito grata. Desde o início, este trabalho foi guiado e orientado pelas forças nas quais aprendi a confiar implicitamente. Vim a saber, mesmo antes que *As Propriedades Curativas dos Cristais e das Pedras Preciosas* fosse escrito, que esses livros se manifestariam e que, por meio deles, o conhecimento antigo seria transmitido às massas. Muitos anos depois, sei que o conhecimento contido nessas obras não é meu, embora eu tenha servido como veículo para escrevê-los. Ele pertence a qualquer pessoa que se identifique com ele. Agora terminei de escrevê-los, vejo mais claramente como cada volume cumpriu seu propósito específico.

As Propriedades Curativas dos Cristais e das Pedras Preciosas não apenas deu a informação sobre muitos cristais e pedras preciosas como serviu para transmitir certos conceitos que cada pedra demonstra. Por exemplo, quando pensamos no Quartzo Rosa, automaticamente o associamos com a autoestima. Quando olhamos uma Sílica-Gema (Crisocola), nossa mente se identifica com a energia nutridora feminina e com a expansão de perspectivas. Se colocarmos uma Azurita no terceiro olho, não podemos deixar de ser encorajados a retirar as teias do medo da nossa mente subconsciente. Desse modo, os cristais e as pedras preciosas divulgaram novos conceitos importantes que usamos em nosso processo pessoal de cura e reprogramação.

As Propriedades Curativas dos Cristais e das Pedras Preciosas fala sobre a nossa cura pessoal usando a Antiga Arte de Esquematização de Pedras. São ensinadas terapias específicas que permitem que uma cura com cristais sirva ao seu propósito último. Quando se ajuda cada pessoa que recebe uma cura a alinhar-se com a Essência Divina, obtém-se a percepção intuitiva e ocorre a cura. Além disso, também explica como os seis Cristais Mestres podem ser usados de várias maneiras para acelerar o nosso processo evolutivo.

Finalmente, Transmissões Cristalinas fecha o círculo; com ele compreendemos que os cristais e as pedras servem para nos ensinar a nos alinharmos com a nossa própria força luminosa cristalina interior. Com os meios dados para ativar os sistemas dos doze chakras, as Transmissões Cristalinas tornam-se uma realidade viva, pois integramos literalmente o corpo de luz ao corpo físico. As Principais Pedras Energizantes, bem como os seis últimos Cristais Mestres, nos dão as ferramentas adicionais com as quais podemos continuar a nos fortalecer.

Com a publicação destes livros, completo também um ciclo importante de vida. É tempo de eu não me identificar tão intimamente com os cristais. Ah, sim, eles sempre estarão ao meu redor e serão uma parte fundamental da minha vida. Agora é tempo, contudo, de eu andar, respirar e viver as Transmissões Cristalinas com a minha total capacidade. O que virá depois disso? Não tenho certeza, mas sei que será por ordem divina e que ainda há mais coisas por acontecer.

AGRADECIMENTOS

Desejo expressar minha gratidão às seguintes pessoas pela ajuda e apoio que me deram na produção deste livro.

Sananda Ra	Pelo apoio, encorajamento, inspiração e ajuda com os Cristais *Cathedral Lightbraries*.
Simran Raphaell	Por dividir sua mãe com o mundo.
Andrea Cagan	Pelo apoio, encorajamento, compreensão, ajuda e por facilitar o acesso à informações sobre os Cristais Elo do Tempo.
Stephanie Nemett	Pela edição, apoio pessoal e orientação na compilação de informações sobre a aids.

Gurudeva e Siva Ceyon Swami	Pela ajuda na obtenção de informações sobre os Cristais Templo Dévico e sobre a ativação dos Guardiães da Terra.
Eric Starwalker	Pelo apoio na reunião de informações sobre os Cristais Gêmeos Tântricos.
Jane Ann Dow	Pelo apoio na reunião de informações sobre o Cristal Dow.
Martha Smith	Pelo apoio pessoal e encorajamento.
Pam e Winnie Parker Larry Audette	Pela ajuda na reunião de informações diversas.
Sandra Orgel	Pela sua sensibilidade especial ao ilustrar as Estruturas Cranianas Evoluídas e Os Doze Charkas Transpessoais (p. 35) e O Sistema dos Doze Chakras (p. 33).
Nora Stewart	Pela fotografia de cristais.
Gail Russell	Pela fotografia de Katrina.
Isabel Lugo	Pelo apoio e assistência pessoais.
Família Mattsson	Pelo amor e pelo apoio incondicionais.
Drunvalo Melchizedek	Pelas trocas de ideias e informações fornecidas.
Tanize Weck Kotsol	Pela assistência e apoio incondicionais na revisão do livro.